励志黄山 博学徽州

研学旅行课程化指南

黄山市实践教育科学研究院 编

LIZHI HUANSHAN BOXUE HUIZHOU

YANXUE LÜXING KECHENGHUA ZHINAN

东北师范大学出版社
NORTHEAST NORMAL UNIVERSITY PRESS

图书在版编目（CIP）数据

励志黄山　博学徽州：研学旅行课程化指南 / 黄山市实践教育科学研究院编. -- 长春：东北师范大学出版社, 2021.4
ISBN 978-7-5681-7982-9

Ⅰ. ①励… Ⅱ. ①黄… Ⅲ. ①中小学生－素质教育－课程建设－指南 Ⅳ. ①G631-62

中国版本图书馆CIP数据核字(2021)第063233号

□责任编辑：李　杭　□封面设计：昌信图文
□责任校对：孟宪薇　□责任印制：许　冰

东北师范大学出版社出版发行
长春净月经济开发区金宝街118号（邮政编码：130117）
电话：0431-84568164
网址：http://www.nenup.com
雅硕图文工作室制版
保定市铭泰达印刷有限公司印装
保定市新市区刘庄村（邮政编码：071000）
2021年4月第1版　2021年4月第1次印刷
幅面尺寸：170mm×240mm　印张：19　字数：291千

定价：58.00元

课程化研学旅行是
一种值得尝试的实
践教育模式

甲午岁末 顾明远书

序 一

2016年12月19日，教育部等11个部委印发了《关于推进中小学生研学旅行的意见》。各地纷纷行动起来，宣传发动，试点推广，“研学旅行”逐渐成为社会广泛关注的热点话题。

其实，从2001年开始，作为新课程改革的重要组成部分，社会综合实践活动的实验已在全国部分地区的学校陆续开展。2004年，北京人生远足国际教育文化发展有限公司（前身为北京京华教育旅行社有限公司）就与北京市陈经纶中学合作，进行社会综合实践活动校本课程的开发与实践。经过多年的潜心探索，形成了“人生远足”课程化研学旅行实践教育模式，以下简称“人生远足”教育模式，受到了有关方面的关注和各个领域专家的认可。

“人生远足”教育模式一直秉承“生活即教育、社会即学校、人生即远足”“用文化把旅行做成教育”“把旅行做成没有围墙、没有国界的学校”这三大理念。此次黄山市实践教育科学研究院从教育、旅游、企业、市场等多个角度系统地总结了课程化研学旅行实践教育模式，梳理了课程开发、课程实施、课程评价、资源整合、专业服务、安全保障等方面的诸多经验，以期获得同行的关注并能给予他们一些参考。

黄山市是徽文化的发祥地。徽文化博大精深，是中华民族优秀传统文化的重要组成部分。徽学被誉为中国三大显学文化之一，正如本书中指出的那样，徽文化蕴含在百姓的衣食住行之中，孕育了“生活教育”

的氛围。20世纪初，伟大的人民教育家陶行知先生提出“生活教育”的思想，相信一定与他所熟悉的徽文化有着千丝万缕的联系。

在2015年举办的“创建‘徽文化’研学旅行实践教育基地研讨会”上，黄山市实践教育科学研究院首次公开发布了《励志黄山 博学徽州课程化研学旅行指导手册》。通过多年来的探索，黄山市实践教育科学研究院积累了许多经验。目前，他们对“课程化研学旅行实践”教育模式进行了延展与创新，陆续开发打造了面向银发市场的“文化养老——我到徽州上大学”、面向成年人的“职业素养——政德教育”等研学旅游产品，真正实现人生远足、人生实践教育的全覆盖，不断满足新时期人们日益增长的精神消费需求。

人生远足系列丛书《励志黄山 博学徽州——研学旅行课程化指南》是对前一阶段研学旅行探索的总结，希望黄山市实践教育科学研究院的团队能够继续大胆创新、开拓进取，在研学旅行实践活动课程建设上取得更多、更优秀的成果。

2020.7

厉新建简历：

教授、博士生导师，北京第二外国语学院旅游管理学院旅游管理系主任，中国旅游经济研究中心主任。

序　二

继邱学华教授，我在黄山市实践教育科学研究院担任第二任院长。我所关注的人生远足系列丛书《励志黄山 博学徽州——研学旅行课程化指南》（下称《指南》）终于要出版了。

自2016年12月教育部等11部门联合发布《关于推进中小学生研学旅行的意见》以来，研学旅行备受社会各界关注。某种意义上讲，由黄山市实践教育科学研究院编写的《指南》是一本关于研学旅行的地方“教材”。

随着信息化社会和互联网时代的到来，学校教育的内外环境、组织形式和功能作用正在发生巨大的变化。“学习”的概念已经被重新定义，当今学生的知识获取渠道变得更加宽阔，他们既需要在校内获取的“间接经验”，也需要在生活、社会、自然这些大课堂里获取的“直接经验”。

研学旅行作为新时代落实立德树人根本任务、强化实践育人的重要途径，极大地拓展了教育的空间，使教学不再局限于“围墙”之内。它彻底改变了学生的学习方式，学生们在“做中用，用中学”，形成有利于个人发展的综合素质。这和伟大的人民教育家陶行知先生提出的“生活即教育，社会即学校，教学做合一”的教育思想是契合的。我衷心地希望黄山市实践教育科学研究院在这些方面继续努力，开发出更多的研学旅行实践教育课程方案，从而满足社会日益增长的研学旅行需求。

作为一名教育工作者，我认可《指南》在研学旅行领域里所做的开创性研究与探索，因为只有这种站在旅游行业看教育的跨界思维，才能彻底破除长期从事教育工作的人们“不识庐山真面目，只缘身在此山中”的无奈！愿更多教育领域的同人们，认真了解《指南》，更多地参与到研学旅行的实践中来。

姚邦藻

2020年11月27日

姚邦藻简历：

原黄山市教育委员会主任、黄山学院原党委副书记，现任黄山市老年大学校长。徽学专家，主编《徽州学概论》。

导 言

研学旅行课程化

“人生远足”课程化研学旅行实践教育模式（简称“人生远足”，下同）从2004年开始实验，已经历经十七年了。回顾历程，笔者感慨无限。2004年，在朦胧中提出的“研学旅行”概念，如今已经成为国家教育深化改革、旅游创新发展的战略之一。多年的探索，留下了许多值得回忆的事情，看似是顺其自然，实则是时代之必然。

2004年，配合着北京市陈经纶中学进行的“人生远足”校本课程实验，是有目的“课程化”探索的开始。

2005年，组织了第一个实际意义上的研学旅行活动——“我到古都看殷墟，我到安阳看天河”。

2006年，配合安阳市人民政府策划了“殷商文化和红旗渠精神校园行”活动。活动中，全国150多所大中小学，约20万名学生，走进了中国最早的“社会大讲堂”。

2013年，在黄山市成功注册了黄山尝试教育科学研究院（黄山市实践教育科学研究院前身）。

2014年，致信习近平总书记，汇报了教育旅游的四个观点及一个建议。国家信访局复函：“感谢您对发展教育旅游提出的建议，欢迎今后继续就您所关注的问题建言献策。”

2015年，在黄山市人民政府的大力支持下，举办了“创建‘徽文化’研学旅行实践教育基地研讨会”，正式出版《励志黄山 博学徽州》1.0版。

2016年，黄山市实践教育科学研究院代表黄山市参加了中宣部召开的“继承和弘扬中国优秀传统文化调研座谈会”，在会上做了关于研学旅行是“继承弘扬中国优秀传统文化重要途径”的主题汇报，受到了与会领导的关注。

2017年，中国旅游研究院发布的《中国研学旅行发展报告（2017）》认为："人生远足"教育旅游具有示范性，向全国行业推荐。同年，在安徽省歙县成立了"中国'课程化'研学旅行实践教育发展联盟"。

这些经历从课程资源挖掘、基地建设、课程开发、标准制定、社会宣传等方面，为"人生远足"课程化研学旅行实践教育模式的形成提供了重要的实践依据。

经过十多年的努力，已经形成了"人生远足"课程化研学旅行实践教育模式（见顾明远题词）。"人生远足"通过系统的总结后明确了：1.对旅游的文化属性和实践体验功能的再认识；2.旅游作为社会文化活动与实践教育的关系；3.产教融合背景下旅游企业在完善实践教育课程中的作用；4.旅游在创建学习型社会、作为公民终生教育途径和平台的重要地位。

研学旅行　实践教育

黄山地区山清水秀、人杰地灵。作为国家著名旅游品牌的黄山旅游风景区，兼具文化遗产和自然遗产于一身。同时，蕴含于百姓生活之中的徽文化，也为研学旅行教育提供了丰富的课程资源。我们把"研学旅行课程化"的模式迁移延伸到老年人的"文化养老——我到徽州上大学"（没有围墙的老年大学）和成年人的"职业培训——正德教育"（教师的师德教育和党政、企业干部的党建、团建）之中，开发了系列实践教育旅游方案，真正实现了"人生远足"实践教育的全覆盖。

2016年教育部等11部委《关于推进中小学生研学旅行的意见》（《意见》下同）的发布，使研学旅行市场开始升温。不能忽视的是，在全国范围内"一些地区在推进研学旅行的工作过程中，存在思想认识不到位、协调机制不完善、责任机制不健全、安全保障不规范等问题，制约了研学旅行的有效开展"，究其原因，是组织者对研学旅行缺乏全面认识。如认为研学旅行姓"教"不姓"旅"，排斥旅游企业参与学校研学旅行的做法时有发生；有些旅游企业，把常规旅游贴上"研学旅行"的标签招摇过市的行为也屡见不鲜。

旅游是什么？旅游行业做什么？旅游企业应该做成什么样？这些是我进入旅游行业后产生的三大疑问。随着社会经济的迅猛发展，旅游产品不断升温，但是我发现，在旅游“同质化”产品的负面影响下，企业低成本，甚至负成本竞争成为业内常态，严重影响旅游企业的生存和发展。我的直觉告诉我，旅游绝不是简单的“吃喝玩乐”，旅游中“吃住行游购娱”的六要素也绝非是全部，旅游产业亟待升级。经过多年的调查研究，我解决了三大疑问，答案自然瓜熟蒂落。

第一问：旅游是什么？答：旅游是一种社会文化活动。

第二问：旅游行业做什么？答：旅游行业一要做文化，二要做服务。

第三问：旅游企业应该做成什么样？答：旅游企业要做成具有服务文化功能的样子。

基于以上对旅游的再认识，我认为旅游能够为实践教育提供课程资源和体验平台；旅游企业能够为实践教育提供专业化的服务；旅游企业能够为研学旅行提供安全指导和保障，为研学旅行保驾护航。这是我们在实践中总结出来的“旅游企业三提供”。它对厘清当下对“研学旅行”的模糊认识，对学校如何组织研学旅行，如何开发课程，对旅游企业在配合学校开发实施研学旅行活动过程中如何发挥作用，具有一定的指导性。

励志黄山　博学徽州

2015年，在中国旅游研究院的指导下，在由黄山市人民政府主办的“创建‘徽文化’研学旅行实践教育基地研讨会”上，黄山实践教育科学研究院公开发布了《励志黄山 博学徽州研学旅行指导手册》，这是1.0版。作为第一本发行的人生远足系列丛书，《励志黄山 博学徽州——研学旅行课程化指南》中列举的案例，是依据不同基地的资源特点和不同的使用对象，结合人生远足课程化实践教育模式，选择了黄山五个方面的文化资源进行编写的。

第一篇，黄山风景，主要呈现的是大美黄山、黄山奇松、黄山怪石、黄山云海、黄山温泉、黄山石刻六个方面的自然人文景观。其中设计了十八项研学活动，涵盖了义务教育所有学段的各个学科。案例按照“人生远足”课程模式，根据文化资源的特点及不同学段的要求编写了相对完整的研学旅行课程方案，突出了学科综合实践能力，特别是跨学科能力的培养。

第二篇，新安江水系，呈现的是厚重的徽州地域文化底蕴，综合介绍了因水而兴的徽文化资源的独特之处及其发展的主要脉络。本篇在《指南》中起到了画龙点睛的重要作用。

第三篇，徽州古城镇，以歙县古城为代表的徽州古城镇集中展示了徽州在历史文化、经济、政治上取得的诸多成就，再现了作为徽州通往中国北方陆路门户的许村，和作为水路通往苏浙沪乃至出海码头的鱼梁在徽州历史上的重要作用。其中，博物馆是古徽州府的缩影，八角牌楼作为徽州府城的地标也被编写在这一部分里。

第四篇，徽州古村落，是按照徽文化的主要特点进行编写的。其中包含了水口文化、生态文化、村名文化、楹联文化、村落布局五个方面，集中展现了深藏在民间，特别是普通徽州人生活当中的徽文化元素。

第五篇，非物质文化遗产。徽州众多的非物质文化遗产是研学旅行不可多得的课程资源。《指南》中把根雕、竹雕、歙砚、徽墨和徽剧编写成研学课程，旨在不断增加研学旅行课程的宽度与深度，这也是“人生远足”模式的基本主张。

理论基础

《指南》还以陶行知“生活教育”思想为指导，从“知行合一”的角度来指导研学旅行教育旅游课程开发。

陶行知的“生活教育”理论是研学旅行的指导思想。众所周知，陶行知的“生活教育”理论核心有三句话：“生活即教育，社会即学校，教学做合一。”“生活教育”是给生活以教育，用生活来教育，为生活的向前、向上而教育。生活教育不能脱离社会生活，有人类就有生活，有生活就有教育。教育是随着时代的前进而前进的，因此，教育应该使学生接触社会生活，参与社会生活，了解社会实际情况，知晓社会发展的需要。只有这样，学生才能自觉地学习服务社会的本领，将来才能成为服务社会、推动社会发展的合格人才。当下的教育，从幼儿园到大学，从校园到校园，从书本到书本，教育与生活相脱离，这就是陶行知所反对的“培养书呆子的教育”。“教育可说是书本的，与生活隔绝的，其力量甚小。拿全部生活去做教育的对象，然后教育的力量才能伟大，方不至于偏狭。我们要拿好的生活去改造不好的生活，拿整个的生活去解放偏狭的生活。”[1]

教育部出台的《关于推进中小学生研学旅行的意见》其目标指向就是帮助学生学会动手动脑，学会生存生活，学会做人做事；促进学生身心健康、体魄强健、意志坚强人格的形成；促使他们树立正确的世界观、人生观和价值观；培养他们成为德智体美劳全面发展的社会主义建设者和接班人。陶行知“生活教育”理论的最终目标也是培养能够征服自然、改造社会，具有生活力和创造力的创造型人才。

早在20世纪30年代，陶行知创办的晓庄师范、育才学校和社会大学等新型学校，都是开放式办学，学生不局限于室内上课。这些学校创造各种各样的有利条件，积极引导学生走出校园，在与学校教育不同的环境中拓宽视野、丰富知识、了解社会、亲近自然、参与体验，把学生培养成体魄健康，具有农夫的身手、科学的头脑、艺术的兴趣、改造社会的真人。

从陶行知先生的“生活教育”理论和实践出发，研学旅行要根据基地资源，结合学生身心特点、接受能力和实际需要，专业、规范、系统地开展课程化的开发、实施和评价。

研学旅行不仅是要改变传统的教育教学模式，更重要的是要培养学生爱国爱民的觉悟和情怀。20世纪30年代的新安旅行团，就是研学旅行的光辉典范。

1933年10月，新安小学的七名小学生组成了“新安儿童旅行团”，到上海、镇江等地做了为期54天的修学旅行。陶行知在《新安小学儿童自动旅行团小影》一文中，赞扬这七个小孩的伟大壮举：“一群小光棍，数数是七根。小的十二岁，大的未结婚。没有父母带，先生也不在。谁说小孩小，划

[1] 陶行知. 陶行知全集第二卷［M］. 四川：四川教育出版社，2005：410.

分新时代。”1935年10月，在陶行知的支持下组建的“新安旅行团”开始全国游学，开展救国宣传活动，历时十七年，行程五万多里，足迹遍布全国二十二个省市。这是抗战时期“小先生制”运用于抗日救亡运动的一种崭新的有效形式，在中国少年运动史上写下了光辉的一页。新安旅行团受到了毛泽东、周恩来、刘少奇等老一辈无产阶级革命家的高度评价。1946年5月20日，毛泽东在《致新安旅行团》的信中写道：“新安旅行团各位同志们：来信收到，极为感谢！祝你们努力工作，继续前进，争取民主中国的胜利！”新安旅行团从开始的十几人队伍逐渐壮大到后来的六百多人，为新中国培养了一大批政治、军事、科技、艺术等领域的优秀人才。新中国成立后，新旅团成员们在各自的工作岗位上都做出了杰出的贡献。正如中央政治局原委员胡乔木同志在给新旅建团50周年的题词中所写：新安旅行团的光荣历程永远是全国儿童的典范。宋庆龄为纪念新安小学建校50周年的校庆题词是：新安旅行团曾经旅行全国，宣传民众，组织儿童，为抗日战争和争取民主中国的胜利做出一定的贡献。它的革命精神以历史展览形式展出，愿青少年学习这种精神，使它世代相传。这是对新安旅行团组织研学旅行的壮举给予的高度赞扬。新安旅行团是陶行知“生活教育”理论的又一次生动鲜活的伟大实践。“生活即教育，社会即学校，教学做合一”，陶行知的“生活教育”理论始终是“人生远足”课程化研究与实践的理论之基。

著名教育家顾明远提出的“育人活动化”的教育思想，是现代教育培养学生核心素养的重要方法，对“人生远足”的实践起到了非常重要的指导作用。“人生远足”课程化就是要“育人活动化，活动课程化”。顾老在为黄山市实践教育科学研究院题词中指出“课程化研学旅行是一种值得尝试的实践教育模式”，他既肯定了“人生远足”十几年的坚守，也为“人生远足”开发实践教育课程和教育旅游产品指明了方向。

融合全国知名专家，国家级首届基础教育成果奖一等奖获得者邱学华先生的“尝试教育”理论，是“人生远足”课程设计的又一大亮点。“先学后教，先练后讲”贯穿整个研学旅行过程中。

本书按研学基地分别编写了不同的课程方案，以便读者全面了解和研究课程的主要内容。方案中不但有基地的资源介绍，而且有配合学科教材的实践课程以及开放性的思考题，力求做到“两个课堂”的贯通。我们本着专业、规范、系统的原则认真编写，希望既能为学校综合实践活动课程教师提供参考，又能为从事研学旅行教育的旅游从业人士提供帮助，同时能作为学生和家长“跟着书本去研学”的通俗易懂的读本。由于水平有限，加上研学旅行课程方案没有先例可循，缺点和错误在所难免。我们诚恳地希望读者们的批评指正，以便之后在编写北京、敦煌、西安、安阳、曲阜、扬州、杭州、邯郸等地“人生远足”系列丛书时加以完善与提高。

本书把“人生远足”十六年来积累的成果分享给大家，抛砖引玉，期待更多的人参与“深化教育改革，创新旅游发展”的事业中来，让我们张开双臂去拥抱研学旅行的春天吧！

编者

2021.4

目　录

CONTENTS

第一篇

D I Y I P I A N

壮山·立志

黄　山

活动目标

1. 知识文化基础：

从哲学、语文、历史、地理、思政、生物、物理、美学等多维角度领略大美黄山，感受自然美与人工美的融合。

2. 自主能力发展：

提升学生的观察能力、合作研究能力、交流表达能力；

让学生学会学习，树立学习意识，注重学习方法，善于进行总结提高，形成乐学善学、勤于反思及触类旁通的学习意识和能力；

让学生学会独立生活和自我管理，并在研学过程中帮助学生不断认识自我，发展身心，健全人格，健康生活。

3. 情感态度：

通过对黄山松精神的解读，使学生汲取自然孕育的精神哲思，不断提高自身的文化底蕴和探索精神，进而激发起民族自豪感和文化自信；

提升学生的创新意识，增加学生敢于接受挑战的勇气，使他们拥有正确的价值取向。

活动内容

1. 大美黄山
2. 黄山奇松
3. 黄山怪石
4. 黄山云海
5. 黄山温泉
6. 黄山石刻

活动课程

学习活动	大美黄山	黄山奇松	黄山怪石	黄山云海	黄山温泉	黄山石刻
语文探究	链接美文	人文感悟		景色描绘		
数学探究			体积计算			
物理探究			力的分析			
生物探究		生态观察				
地理探究	确定位置					
历史探究						
美术探究			我来鉴画			书法鉴赏
人文综合	诗词创作	小小摄影家		探访名字		遍访石刻
科学综合				云海探秘	温泉探因	
综合实践					泉瀑辨析	古代智慧
学科融合	励志黄山					

引　言

学习活动1：地理探究——确定位置

“五岳归来不看山，黄山归来不看岳”是徐霞客游黄山后留下的感叹，也是许多游客对黄山的评价，更是黄山的真实写照。黄山美丽的自然风光蜚声海内外，被誉为“天下第一奇山”“人间仙境”。黄山之美代表着祖国的山水之美，黄山迎客松是安徽人民热情友好的象征，承载着面向世界的东方礼仪文化。黄山不仅是一座美丽的自然之山，还是一座丰富的艺术宝库。

黄山位于安徽省南部黄山市境内，原名“黟山”，黄山市所处的区域在古代被称为徽州，她是一个“望得见山，看得见水，记得住乡愁”的地方。

黄山1985年入选全国十大风景名胜，1990年12月被联合国教科文组织列入《世界文化与自然遗产名录》，是中国第一个同时作为文化、自然双重遗产列入名录的风景名胜。

请在中国行政区划图中描述安徽省所在的地理位置。

请观察安徽省的行政区划图，描述黄山风景区所在的地理位置。

【适合前活动课程·小学高段】

黄山集文化遗产、自然遗产、世界地质公园及世界生物圈保护区为一体，是国家5A级旅游风景区、国家级风景名胜区和全国文明风景旅游区示范点。

黄山五绝：奇松、怪石、云海、温泉、冬雪。

学习活动2：语文探究——链接美文

阅读徐霞客的《游黄山日记》，袁牧的《游黄山记》，叶圣陶的《黄山三天》，丰子恺的《上天都》等美文，体会文章中蕴含的情感。

【适合前活动课程·全学段】

黄山风景，以山的奇特、松的精神、水的魅力、云的美感、雪的品质而闻名。让每一位来黄山研学的学子可以得到自然美的享受、徽文化的浸润、精神境界的提升。

黄山风景区的山，仁厚、无语、无怨、无悔。然而，它却在千百年中无声地孕育了奇松、怪石、云海、温泉、冬雪“五绝”。

在语文课本中我们学到过许多的大山名川，王安石的《游褒禅山记》，杜甫的《望岳》，莫顿·亨特的《走一步，再走一步》，哪座山让你印象深刻？对比这些文章和你自己登山的感受，你有什么体会？建议大家沿途拍下你觉得最美的一张照片，并为它写一段话。

【适合活动课程·初中、高中】

学习活动3：人文综合——诗词创作

五岳归来不看山，黄山归来不看岳。

——明·徐霞客

黄山青兮岪嶍，三十六峰兮森起。

——宋·汪雄图

怪石奇松诗意里，溪头吟罢饮丹砂。

——老舍

黄山奇松

黄山松是以石为土，以云雾为肥而生长的奇松。黄山松是黄山最奇特的景观，生长于岩石的缝隙中，盘根于石，傲然挺拔，松针叶短硬，树冠扁平，颈干粗韧，叶色浓绿，生态适应性极强，有着极顽强的生命力。黄山风景区的七十二峰，处处都有黄山松的点染。遍布峰壑的黄山松，或雄壮挺拔，或婀娜多姿，把五百里黄山抹上了生命的色彩。正因为有了遍布峰林沟壑的黄山松，于是，黄山的景美了，山活了，风响了，云涌了，雨来了，瀑飞了，连石头也有了灵气。

黄山松生长在海拔800米以上的黄山之巅，是植物学上一个独立的品种，巨松高数丈，小松不盈尺，破石而生，苍劲挺拔，那姿态，美得让人称奇，奇得让人叫绝。

搜集歌颂黄山的诗词歌赋，结合游览经历，创作一首关于黄山的诗歌。

【适合活动课程·初中、高中】

学习活动4：生物探究——生态观察

同学们在哪里学过松树的知识吗？是的，在初中生物学课本中介绍过松树的种子外没有果皮包被，它是一类裸子植物。你能收集一些黄山松的叶、球果、种子仔细观察吗？

黄山松	特征
叶子	
球果	
种子	
结论：	

知识链接：初中生物多样性

黄山松千姿百态，或耸立挺拔，似擎天巨人；或翠枝舒展，如流水行云；或虬根盘结，如苍龙凌波；或矫健威武，如猛虎归山。

黄山奇松已被命名的多达近百株，如那展翅欲飞的“凤凰松”，玉麒腾跃的“麒麟松”，轻歌低吟的“竖琴松”，缠绵亲昵的“连理松”，还有著名的卧龙松、探海松、黑虎松、送客松、陪客松等，当然最有名的是立于玉屏峰上的“迎客松”。

黄山迎客松是黄山松中的至宝，它雍容端庄，仪态万方，让人魂牵梦绕，流连忘返。它是黄山的代表和象征，更是黄山人的化身和骄傲。

它不仅被黄山人视为珍宝，更被中国人视为国宝。它的倩影走进了各族人民的心中，走进了人民大会堂，如今，伴随着进一步改革开放，迎客松走出了国门，走向了世界。

迎客松已是寿逾千年的古松，黄山人极为重视迎客松的保护工作，自1983年起，就为迎客松配备了一位专

【适合活动课程·全学段】

观察下面图A、B，说说黄山松的生长环境对其特征的影响。

（图A）

（图B）

知识链接：生物学科——生物与环境。

【适合活动课程·初中、高中】

职特护，对她进行全天候的科学守护。

黄山松的千姿百态与黄山的自然环境有着十分紧密的关系。黄山松的种子被风吹到花岗岩的裂缝中去，它们以无坚不摧、有缝即入的钻劲，在那里生根、发芽、成长。黄山松有天生的喜光性、向阳性和求取水分的本性，使得黄山松的枝丫都明显地向一边倾斜。正是特殊的地理环境以及黄山特有的阳光、云雾、风霜等气候条件的影响，塑造了黄山松千姿百态的形态。

黄山松精神是一种民族精神，是一种时代精神。黄山松精神指的是顶风傲雪的自强精神，是坚韧不拔的拼搏精神，是百折不挠的进取精神，是众木成林的团结精神，是广迎四海的开放精神，是全心全意的奉献精神。“咬定青山不放松，立根原在破岩中。千磨万击还坚劲，任尔东西南北风。”黄山松象征着我们民族坚韧不拔和百折不挠的精神。

黄山松，长在峰顶，长在悬崖峭壁，长在深壑幽谷，郁郁葱葱，生机勃勃。千百年来，它们就是这样从岩石中钻出来，根却深深扎进岩石缝里，不怕贫瘠干旱，不怕风雷雨雪，潇潇洒洒，铁骨铮铮。

【适合活动课程·全学段】

黄山怪石

黄山有七十二峰，素有“三十六大峰，三十六小峰”之称，莲花峰海拔高达1864.8米，她与光明顶、天都峰并称黄山三大主峰。主峰周围还有77座千米以上的山峰，群峰叠翠，有机地组成了一幅有节奏、有动感、有旋律的波澜壮阔、气势磅礴、令人叹为观止的三维立体画面。

学习活动5：语文探究——人文感悟

黄山风景区没有名字的怪石还有很多，请你拍摄一张怪石的照片，并给它起个名字，再尝试着写个故事。

【适合活动课程·全学段】

黄山山体主要由燕山期花岗岩构成，垂直节理发育，侵蚀切割强烈，断裂和裂隙交错，长期受水溶蚀，形成花岗岩洞穴与孔道于一身，融峰林地貌、冰川遗迹于一体，兼有花岗岩造型

学习活动6：地理探究——地质形成

石、花岗岩洞室、泉潭溪瀑等丰富而典型的地质景观。

黄山经历了漫长的造山运动、地壳抬升，以及冰川侵蚀和自然风化作用，才形成其特有的峰林结构。前山岩体节理稀疏，岩石多球状风化，山体浑厚壮观；后山岩体节理密集，多是垂直状风化，山体峻峭，形成了“前山雄伟，后山秀丽”的地貌特征。

黄山险峰林立，危崖突兀，峰脚直落谷底。山顶、山腰和山谷等处广泛分布着花岗岩石林和石柱，巧石怪岩犹如神工天成，形象生动，构成一幅幅绝妙的天然图画，其中有名的有120多处，例如有“松鼠跳天都”“猴子望太平”等。

黄山的第四纪冰川遗迹主要分布在前山的东南部，典型的冰川地貌有：苦竹溪和逍遥溪是冰川移动刨蚀而成的“U”形谷；眉毛峰和鲫鱼背等处是两条“V”形谷和刨蚀残留的刃脊；天都峰顶是三面冰斗刨蚀遗留下来的角峰；百丈泉和人字瀑是冰川谷和冰川支谷相汇成的冰川悬谷；逍遥溪、汤口、乌泥关、黄狮垱等河床阶地中，分布着冰川搬运堆积的冰碛石；还有传说为

学习活动7：物理探究——力的分析

请以小组为单位，对你感兴趣的怪石进行拍照和记录，分析怪石的重心，并指出它的受力平衡点？看看哪一个小组对重心、受力点、受力平衡分析得更准确。尝试分析怪石的受力变化趋势，对怪石的保护提出可行的建议。

【适合活动课程·初中、高中】

轩辕黄帝炼丹用的“丹井”“药臼”，也是由冰川作用形成的冰臼。

黄山上有名的怪石有很多，例如“仙桃石”，它好像是从天上飞下来的一个大桃子，落在了山顶的石盘上；“仙人指路石”就更有趣了，远远望去，真像一位仙人站在高高的山峰上，伸着手臂指向前方；“猴子望太平”在一座陡峭的山峰上，像一只猴子用两只胳膊抱着腿，一动不动地蹲在山头上，望着翻滚的云海；每当太阳升起，一座山峰上的几块巨石，就变成了一只金光闪闪的雄鸡，伸着脖子，对着天都峰啼叫，这就是著名的“金鸡叫天都”了。还有“天狗望月”“狮子抢球”“仙女弹琴”等，黄山上还有很多叫不出名字的奇形怪状的岩石，正等待着你去研究、去给它们起名、去为他们“立传”呢。

学习活动8：美术鉴赏——我来鉴画

《黄山汤口图》是黄宾虹老师的最后一幅画作，其中笔墨苍劲、严实、坚厚。黄宾虹的山水画，具有苍健、浑朴、厚重、华滋、沉凝等特点。他研究中国山水画的笔墨，追求“黑、密、厚、重”的艺术效果，正如石涛所说：“黑团团里墨团团，黑墨团中天地宽。”黄宾虹曾说：“我用积墨，意在墨中求层次，表现山川浑然之气。有人既以为墨黑一团，非人家不解，恐我的功力未到之故。积墨作画，实画道中的一个难关，多加议论，道理自明。”

查阅相关资料了解黄宾虹成为一代宗师的艰苦经历。结合你自己登黄山的体会，你是怎样理解世人对黄宾虹用墨的评价的？

【适合活动课程中、后活动课程·初中、高中】

学习活动9：数学探究——计算体积

如果你了解到黄山飞来石高12米、长7.5米、宽2.5米，请你根据所学的知识估算出其体积，并计算出其重量的近似值。

讨论一下，这么重的石头，它是怎么竖立在岩石上的？

黄山还有一个非常有名的巨大怪石——飞来石，她稳稳地站在黄山风景区平天矼的一块平坦岩石上，似从天外飞来，故名“飞来石”。飞来石高12米、宽8米，厚1.5至2.5米。如此巨石却被竖立在一块长约12～15米，宽8～10米的平坦岩石上，令人惊叹不已的是两大岩石之间的接触面很小。地质学家认为，飞来石这一奇观是地质变化过程中形成的，真可谓鬼斧神工。

【适合后活动课程·中小学学段段】

黄山云海

“自古黄山云成海”，这是黄山云海的真实写照。黄山是云雾之乡，以峰为体，以云为衣，其瑰丽多姿的“云海”以胜、以美、以奇、以幻享誉古今中外、享誉世界。黄山云海尤以雨雪后初晴或日出日落时的“霞海”最为壮观。怪石、奇松、峰林飘浮在云海中，若隐若现，置身其中，犹如进入梦幻境地，让人飘飘欲仙。黄山云海是黄山山岳风景的重要景观之一。所谓云海，是指在一定的天气条件下形成的云层，并且云顶高度低于山顶高度，当人们在高山之巅俯视云层时，看到的是漫无边际的云，如

学习活动10：人文综合——探访名字

明朝有位著名的史志学家叫潘之恒，在黄山住了几十年，写了一部60卷的黄山山志，书名就叫《黄海》。黄山的一些景区、宾馆和许多景观的命名，都同这个特殊的云海有关联，你能列举几个吗？

【适合活动中课程·全学段】

临大海之滨，波起峰涌，浪花飞溅，惊涛拍岸。故称这一现象为“云海”。

黄山地处北纬30度上，山高谷深，林木繁茂，湿润多雨，水汽充沛，造就了壮观美丽且富有魅力的云海景观。一年365天中通常只有50多天可以看到云海。每年11月到次年4月之间云海最多，云层高度较低。游览过黄山的人都说：黄山的“主旋律”是在云雾中的，这就是说黄山最好的景色是在高峰地带，而且以有云雾时为最佳。黄山云海，特别奇绝。漫天的云雾和层积云，随风飘移，时而上升，时而下坠，时而回旋，时而舒展，构成一幅奇特的，千变万化的云海大观。每当云海涌来时，整个黄山景区就被分成诸多云的海洋。被浓雾笼罩的山峰显露出来，层层叠叠、隐隐约约，山之奇秀在这里完美地显现出来。飘动着的云雾如一层层面纱在山峦中游曳，景色千变万化，稍纵即逝，每一分每一秒都不一样。

黄山霞光也是黄山一道非常美丽的风景线。我们来看看人们是怎样描述黄山霞光的：

学习活动11：科学综合——云海探秘

仔细观察并记录云海出现的时间、形成与变化的过程。尝试找出云海与霞光的形成原因？

【适合活动中、后活动课程·全学段】

“当日清晨，黄山迎来晴好天气，一轮红日喷薄而出，天空飘动的白云，在日光照耀下变成绚丽的彩霞。披着轻纱的峰峦和巧石也沉浸在彩光之中，美不胜收”[1]。“夏日是观赏黄山日出最好的时节，此时太阳炽烈，日照充足，黄山空气纯净，加上高山多云雾天气，极易形成霞光奇观。”[2]

学习活动12：语文探究——景色描绘

搜集描写黄山云海的诗文，并大声诵读。如：清休宁人吴应莲的《黄山云海歌》。尝试用自己的语言描述云海和霞光。

黄山温泉

黄山是钱塘江和长江两大水系的分水岭，水资源十分丰富，自中心向四周呈放射状分布着众多的山涧沟谷，以桃花峰与云门峰为界，分别流入新安江、钱塘江和青弋江、长江。

【适合前活动、活动中课程·全学段】

黄山落差大，山水迸泻，形成飞瀑，悬垂如练，溅珠喷玉，著名瀑布的有“人字瀑”“百丈泉”和“九龙瀑”，是黄山最积极、最有

[1] 新华网2018-07-17《日冕阳骄山色秀 群峰壮阔霞染彤》http://m.xinhuanet.com/ah/2018-07/17/c_1123137511.htm

[2] 新华网2018-07-17《日冕阳骄山色秀 群峰壮阔霞染彤》http://m.xinhuanet.com/ah/2018-07/17/c_1123137511.htm

学习活动13：科学综合——“泉”“瀑”辨析

探寻黄山“三瀑”形成的过程，并说明为什么一个叫“瀑”，一个叫“泉”？

生命力的景观。

【适合活动中、后活动课程·全学段】

黄山温泉，古称“灵泉”“汤泉”“朱砂泉”，由紫云峰下喷涌而出，与桃花峰隔溪相望，传说轩辕黄帝就是在此沐浴七七四十九日后羽化升天的。温泉中含有多种对人体有益的微量元素，水质纯正，温度适宜，可饮可浴。唐代诗人贾岛曾发出“遐哉哲人逝，此水真吾师”的感慨。黄山有温泉15处，其中被称为黄山“五绝”之一的温泉（古称汤泉），又名朱砂泉，温泉水质以含重碳酸为主，无硫，自唐代开发以来，享誉千年。

黄山温泉景区古称“桃源仙境”，因左侧桃花峰上桃花遍岭而名，现以温泉命名。景区位于桃花峰与紫石峰、清潭峰之间，山清水秀，石巧泉奇。该景区以朱砂泉为中心位置而向四周辐射，桃花溪和逍遥溪贯穿其中。它是黄山游览接待中心，这里别墅成群，楼阁遍布，黄山宾馆与桃源宾馆隔溪相对，名胜古迹众多。温泉景区是通往南大门及山中各景区的交通枢纽，主要景点有揽胜桥、翼然亭、观瀑亭、白龙潭、鸣弦泉、三叠泉、慈光阁、人字瀑、百丈泉、冰川遗迹、醉石、丹井等。

学习活动14：综合实践——温泉探因

哪个泉被称为“灵泉”，你知道其中的缘由和它形成的原因吗？说给同伴们听听。有时间你可以在黄山进行一次泡温泉的体验，并记录下来。

【适合前活动、活动中课程 · 全学段】

黄山石刻

学习活动15：人文综合——遍访石刻

黄山是书法艺术的殿堂，是中国传统文化的博物馆。步入黄山胜地，随处可见摩崖石刻和名人碑刻。这些刻于风景奇特的峭壁之上、登山小道两侧的石刻，集历代文学大家和书法名家的精品于一体，与景区的自然风光完美融合，为黄山增添了深厚的文化底蕴。据不完全统计，黄山现存的历代名家石刻约三百处，碑刻四十余处。

踏进黄山大门，随处可见形式内容各样的书法石刻。在慈光阁黄山景区的入口处就有康熙御题的“黄海仙都”；

在玉屏楼的迎客松旁有毛泽东主席的墨迹“江山如此多娇”和朱德墨迹“风景如画”；在天都绝顶有“登峰造极”题字，在莲花峰顶有“一览群山低”，在鳌鱼峰上有“大块文章”，在白云新道有“卧石披云”。

这里既有书法家们浑厚的笔力、遒劲的笔道，又深藏领袖的豪迈和激越，更有古代帝王的霸气。这些石刻、碑刻是古往今来历代先贤、名人对黄山自然景观的壮美的由衷称赞，让游客在

沿途记录下印象深刻的石刻，完成下列表格：

石刻内容	撰写者	感悟

【适合活动中课程·全学段】

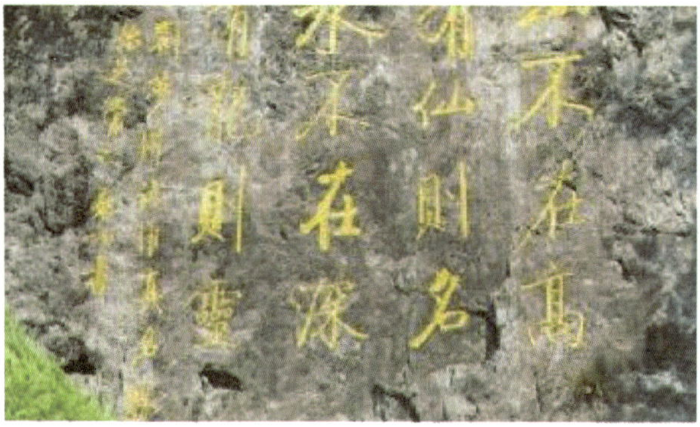

感受美的同时，更留有无限遐想。

黄山最显眼、最著名的石刻是青鸾峰（又称立马峰）上“立马空东海，登高望太平”的巨幅摩崖石刻。站在立马桥、立马亭皆可清晰看见此处石刻，石刻为1939年唐式遵将军所书，字径为6米，每字之间9米见方，仅“平”字一竖长达9.4米，石刻深2.5寸，无论是从镌刻难度还是技艺，都堪称全山石刻之冠，更足见“徽州石工名天下”赞誉之真实。

学习活动16：美术探究——书法鉴赏

将石刻的照片或者视频进行加工制作后发到朋友圈，与同学、家人分享。辨析石刻书法中的各种书体，感悟石刻艺术与书法艺术的关系。

【适合活动中课程·全学段】

学习活动17：综合实践——古代智慧

说说黄山最醒目、最著名的石刻“立马空东海，登高望太平”的历史，并研究讨论一下它是如何刻在摩崖上的？

（摩崖石刻“立马空东海”的大小与人体进行对比）

【适合活动中课程、后活动课程·全学段】

小结：励志黄山

游历了壮美的黄山，观赏了“黄山五绝”，遇见了“黄山驼”，体验了登山的艰辛，在光明顶上朗诵了《理想》，完成了课程中设计的学习活动……

在与黄山的对话中你找到了和“励志”相关的元素吗？它带给你什么样的精神力量？

课程评价：

评价要素	评价标准	评价方式
了解知识	能从多个角度了解黄山的生态	通过前课程、活动课程、后活动课程中的学习来评价所学
过程方法	能够从人文和科学融合的角度观察、探究、黄山的奇松怪石、云海霞光、温泉瀑布和人文景观	
情感价值观	从登山及研学安排的体验活动中，感受祖国大好河山的壮美，激发热爱祖国的感情；从黄山松的精神中汲取力量，增强战胜困难的勇气，树立迎难而上的价值取向	通过分享会、小组合作、个人反思等方式展开讨论，评价所学

参考课程方案

资源介绍

黄山集名山之长。泰山之雄伟，华山之险峻，衡山之烟云，庐山之泉瀑，雁荡山之巧石，峨眉山之秀丽，黄山无不兼而有之。明代旅行家、地理学家徐霞客两游黄山，赞叹说：“登黄山，天下无山，观止矣！”又留下“五岳归来不看山，黄山归来不看岳”的美誉。可以说黄山无峰不石，无石不松，无松不奇，并以奇松、怪石、云海、温泉、冬雪五绝著称于世。其二湖，三瀑，十六泉，二十四溪相映生辉。春、夏、秋、冬四季景色各异。

黄山还兼有“天然动物园”和“天下植物园”的美称，黄山有植物近1500种，动物500余种。黄山气候宜人，是得天独厚的避暑胜地，是国家级风景名胜区和疗养避暑胜地。1985年黄山入选全国十大风景名胜，1990年12月被联合国教科文组织列入《世界文化与自然遗产名录》，是中国第一个同时作为文化、自然双重遗产列入名录的风景名胜。2004年2月入选世界地质公园，蜚声中外，令世人难忘。古今有许多与黄山有关的诗词流传于世。

2007年5月8日，黄山市黄山风景区经国家旅游局（现为文化和旅游部）正式批准为国家5A级旅游景区。

课程一　黄山奇松与其精神

人们来到黄山，不仅能感受到黄山松的美丽和坚强，更能从中感受到一种精神——黄山松精神。黄山松精神是一种民族精神，一种时代精神。我们应该学习黄山松精神，颂扬黄山松精神，让黄山松精神代代相传。

课程二 黄山地质地貌与怪石

黄山在大地构造上，处于江南古陆与其以北的下扬子台坳的接触带上，位于这两大地质构造单元的过渡地带。其主要地质构造线与山脉的走向基本一致，均为东北——西南方向。黄山的主体部分为花岗岩类所组成，仅在逍遥溪断裂以南，为晚元古代沉积生成的砂岩、石英砂岩、火山岩、变质火山岩；前山称黄山岩体，芙蓉岭以北，为太平岩体。太平岩体与黄山岩体成南北向椭圆形展布，但二者地貌截然不同。太平岩体为丘陵低岗，土壤覆盖；黄山岩体峻峭突兀，蔚为壮观。

黄山怪石，星罗棋布，点缀在波澜壮阔的黄山峰海中。它们形态别致，或大或小，争相竞秀，意趣无穷。黄山怪石，有的酷似珍禽异兽，如“猴子望太平”“松鼠跳天都”“鳌鱼驮金龟”“孔雀戏莲花”“天狗望月”；有的宛如各式人物，如：“仙人下棋”“天女绣花”“夫妻谈心”“童子拜观音”；有的形同各类物品，如“梦笔生花”“笔架峰”“仙人晒靴”“飞来石”“仙人指路”；有的又以历史故事、神话传说而命名，如“苏武牧羊”“太白醉酒”“武松打虎”“达摩面壁”等。

黄山“五绝”之一的怪石，以奇取胜，以多著称。已被命名的怪石有120多处。其形态可谓千奇百怪，令人叫绝。似人似物，似鸟似兽，情态各异，形象逼真。

黄山怪石从不同的位置，在不同的天气观看情趣各异，可谓“横看成岭侧成峰，远近高低各不同”。其分布可谓遍及峰壑巅坡，或兀立峰顶或戏逗坡缘，或与松结伴，构成一幅幅天然山石画卷。

课程三　黄山云海与霞光

自古黄山云成海，依云海分布方位，全山有东海、南海、西海、北海和天海，而登莲花峰、天都峰、光明顶可尽收诸海于眼底，领略“海到尽头天是岸，山登绝顶我为峰”之境。

大凡高山，可以见到云海，黄山的云海更具有特色，奇峰怪石和古松隐现云海之中，更增添了美感。黄山云海形成之时，大小山峰、千沟万壑都淹没在云涛雪浪里，波澜壮阔，一望无边，天都峰、光明顶也就变成了浩瀚云海中的孤岛。

黄山霞光也是黄山一道非常美丽的风景线

每当清晨，黄山迎来晴好天气的，一轮红日喷薄而出，天空中飘动的白云，在日光照耀下变成绚丽的彩霞。披着轻纱的峰峦和巧石也浸没在彩光之中，美不胜收。

夏季是观赏黄山日出最好的时节，此时太阳炽烈，日照充足，黄山空气纯净，加上高山的云雾天气，极易形成霞光奇观。

课程四　黄山瀑布与温泉

黄山作为钱塘江和长江两大水系的分水岭，水资源十分丰富，自中心向四周呈放射状分布着众多的山涧沟谷，且黄山高差大，山水迸泻，形成飞

瀑，悬垂如练，溅珠喷玉，成为了黄山最积极、最有生命力的景观。

黄山温泉又称汤池、汤泉，是黄山“五绝”之一，古名朱砂泉，位于黄山紫云峰下。已有千年历史，自古享誉九州。温泉水质以含重碳酸为主，泉水清澈异常，无色无嗅，其味甘美，常年水温42℃，水质纯正，温度适宜，可饮可浴。唐代诗人贾岛曾发出“遐哉哲人逝，此水真吾师”的感慨。黄山温泉自唐代开发以来，享誉千年。

课程五　黄山石刻与书法

黄山石刻是黄山艺术宝库中的一朵奇葩。从踏入黄山大门开始，便随处可见形式各样的书法石刻。有彰显古代帝王霸气的康熙御题的“黄海仙都”；有凸显领袖豪迈和激越的毛泽东与朱德墨迹“江山如此多娇”和“风景如画”；天都绝顶有“登峰造极”字；莲花峰顶有“一览群山低”；鳌鱼峰上有“大块文章”；白云新道有“卧石披云”。黄山景区遍布各种石刻、碑刻。

课程六　黄山自然景观与文化景观

黄山风景区分为玉屏景区、白云景区、北海景区、松谷景区、云谷景区、温泉景区、梦幻景区等。不同景区的特点不同，但也有共同之处，那就是每个景区都有美丽的自然景观与魅力的人文景观。

黄山的自然风光以奇松、怪石、云海、温泉、冬雪为代表的“五绝”可谓是家喻户晓，相比之下，遗存、书画、传说、诗文、名人组成的黄山文化“五胜”，知名度还有待提高。黄山的自然美，使无数诗人、画家和艺术家为之赞叹和陶醉，留下了不可胜数的艺术作品。

从盛唐到晚清，仅赞美黄山的诗词，现在可查的就有两万余首。黄山艺术作品的体裁和内容都十分丰富。它们从各个侧面发掘、展现并丰富了黄山的美，成为祖国艺术宝库中的灿烂花朵。就诗文而言，李白、贾岛、范成大、石涛、龚自珍、黄炎培、董必武、郭沫若、老舍等都有与黄山有关的佳作流传于世。散文则以徐霞客的《游黄山日记》，袁枚的《游黄山记》，叶圣陶的《黄山三天》，丰子恺的《上天都》等体现了黄山绝美秀丽的风姿。另外，与黄山有关的传说也不胜枚举，如《黄帝炼丹》《李白醉酒》《仙人指路》《仙女绣花》等。体现黄山俊美恬静的黄山画派是黄山文化中的一颗璀璨明珠。黄山画派的大师们不断从黄山的山水中汲取养分，他们以凝重简练的笔墨、明快秀丽的构图和清高悲壮的风格、深沉宏达的旨意，在画坛独树一帜。

黄山哺育了各个时代的众多艺术家，艺术家们又赋予了黄山以艺术的生命。在唐代道教旧籍中，就有关于轩辕黄帝和容成子、浮丘公到黄山炼丹、得道升天的故事。因而至今还有许多与这些故事有关的景观名，如轩辕峰、浮丘峰，以及炼丹、仙人、上升、仙都、道人、望仙诸峰。黄山山名，亦与黄帝炼丹之说有关。在黄山上建立较早的道观有浮丘观、九龙观。宋末道士张尹甫曾在黄山修炼，创建松谷道场。明末以后，全山范围内，再无道教活动的踪迹。据《黄山图经》记载，佛教早在南朝刘宋期间就传入黄山，历代先后修建寺庙近百座。寺庙之中，祥符寺、慈光寺、翠微寺和掷钵禅院，号称黄山“四大丛林”。黄山历代释徒中，能诗善画者多，著名的有：唐代岛云，明代海能、弘智、音可、元则、王寅，清代大均、大涵、檗庵、渐江、雪庄等，都有作品传世。

课程框架
综合实践活动课程

全学段综合课程模块展示：

主题课程：景色秀美　对话黄山（前活动课程、活动课程、后活动课程）

学科群：语文、科学、美术、音乐

根据学科知识可设计以下主题：（仅列举主题，不展开课程）

1. 黄山怪石　探寻黄山（前活动课程、活动课程、后活动课程）

学科群：语文、数学、生物、历史、道德与法治、地理

2. 人文交融　感悟黄山（前活动课程、活动课程、后活动课程）

学科群：语文、数学、历史、道德与法治、地理、化学、生物

3. 诗词传情　励志黄山（前活动课程、活动课程、后活动课程）

学科群：语文、数学、历史、道德与法治、地理、化学、生物

4. 自然植被　勘探黄山（前活动课程、活动课程、后活动课程）

学科群：语文、数学、历史、道德与法治、地理、化学、生物

5. 稀有珍宝　解密黄山（前活动课程、活动课程、后活动课程）

学科群：语文、数学、历史、道德与法治、地理、化学、生物

课程设计
黄山自然与文化研学——综合课程

主题一：景色秀美　对话黄山

·学习对象：全学段

·学习目标：

1. 知识与技能：了解黄山的自然风光，领略黄山美景；了解黄山地质地貌、自然生态的基本情况；

2. 过程与方法：通过实地考察，培养学生们探究自然的能力；通过动手制作和体验，培养学生的动手能力，计划统筹能力、团队协作能力和自我管理能力；通过对设定问题的辩论，培养学生的独立思考和表达能力；通过绘画、诗词创作，培养学生的艺术和审美能力。

3. 课程目标：通过对黄山的调查研究，使学生感悟人与自然的关系，培养爱护环境的社会责任感；通过对大好河山的考察，激发学生对祖国的热爱之情；通过对历史文化的探究，对非遗文化的学习，提升学生对传统文化的热爱，培养他们的民族自豪感；鼓励学生学习弘扬黄山松的坚韧不拔精神。

·问题框架：

内容问题：

（一）自然

1. 黄山的名字是怎么来的？

2. 黄山著称于世的“五绝”是指什么？你去过吗？

3. 你知道黄山有哪些怪石吗？它们“怪”在哪里？

4. 黄山的三大主峰是什么？你都去过吗？它们有什么特点？

5. 黄山的洞穴、孔道很多。你知道它们是怎么形成的吗？

6. 黄山霞光是黄山一道非常美丽的风景线。你知道它是怎么形成的吗？

7. 黄山的水资源十分丰富。你知道黄山有哪些著名的瀑布吗？

8. 黄山上有哪些珍稀的动物？

9. 黄山重要的景点有哪些？你最想去的是哪个？

10. 黄山是怎样形成的？

（二）人文

1. 黄山伟大的自然美，使无数诗人、艺术家为之赞叹和陶醉，留下了不可胜数的作品。你了解哪些呢？黄山留给你什么样的印象呢？

2. 黄山与宗教有密切的关系。你知道相关的历史吗？

3. 黄山松精神是一种民族精神，是一种时代精神。你知道其内涵吗？

4. 世界遗产委员会曾评价黄山是“震荡国中第一奇山”，你知道为什么吗？

5. 踏入黄山大门，随处可见形式各样的书法石刻。你知道黄山最显眼、最著名的摩崖石刻吗？你知道它是怎样刻在山崖上的吗？

（三）科学

1. 黄山的云海是如何形成的？请用语言描述一下云海的景象。

2. 黄山的温泉有什么好处？你知道为什么吗？

3. 黄山的气候特征是什么？其植被有什么特点？

4. 黄山山体主要是由什么构成的？有什么特点？

5. 你知道黄山前山与后山的地质地貌有什么不同吗？

6. 黄山迎客松是黄山松中的至宝。你能用语言描述一下它吗？它的成长与哪些因素有关呢？

驱动问题：欣赏黄山的秀美景色。

核心问题：通过游览黄山秀丽的自然风光，进一步感受祖国的大好河山，领悟人类需要认识自然，适应自然，与自然的和谐共生的境况。

学习工具：标号为HB的铅笔、铅笔刀、A1（841mm × 594mm）大小的白色卡纸、照相机。

学习活动：分为行前课、行中课和行后课。

一、“景色秀美　对话黄山”——前活动课程

学习活动：

1. 观看纪录片《大黄山》，讨论小组游览黄山的线路，并说明理由。

2. 以班级为单位，学生可自由分成4个小组，开展研学活动。

3. 搜集关于黄山的诗词，感受黄山的自然与人文景观。

二、“景色秀美 对话黄山”——活动中课程

学习活动：坐车到云谷寺，乘坐云谷索道，先后游览石笋矼、始信峰、黑虎松、北海宾馆、清凉台、“猴子观海”、狮子峰、狮林大酒店、西海饭店、排云亭、西海大峡谷、地轨缆车、石床峰、白云宾馆或光明顶宾馆（放行李），再到卧石披云、步仙桥、白云宾馆、光明顶（日落），最后回到宾馆休息。

模块一：观黄山奇松，拍其千姿百态，探其生存环境，解其“专职特护”，并完成：

1. 聆听研学导师介绍黄山松的有关知识。

2. 分小组诵读丰子恺的《黄山松》和张万舒的《黄山松》（北师大版六年级语文教材），感悟两人笔下黄山松的共同特点。

3. 仔细观察黄山松的总体特征与局部细节，用你在五年级下册《美术》中学过的第11课《学画松树》的方法画一棵黄山松。

4. 你知道“不到始信峰，不信黄山松；到了始信峰，才知‘奇’字在松中”吗？与小伙伴们分享一下你对这句话的理解。

5. 观察下面图A、B，说说黄山松的生长环境对其特征的影响。

图 A

图 B

6. 写下你与“迎客松”“送客松”近距离接触的感受，与家人分享。

7. 采访迎客松的专职特护，写一篇人物报道。

模块二：慢游黄山的前山与后山，登光明顶、天都峰或者莲花峰，拍出各峰的特点，观察黄山“奇石”景观，与“飞来石”零距离接触。

完成：

1. 回顾小学二年级上册的《黄山奇石》，仔细寻找课文中所描述的“仙桃石”“猴子观海”“仙人指路”“金鸡叫天都”“天狗望月”“狮子抢球”“仙女弹琴”，并仿照该文写一篇300字左右的《黄山奇石》。

2. 搜集描写黄山奇石异峰的好词好句。

3. 黄山“飞来石”高12米、长7.5米、宽2.5米，请你根据所学的知识估算出其体积，并计算出其重量的近似值。

4. 黄山风景区里没有名字的怪石还有很多，给下面图片中的怪石起个名字，并为它写个故事。

5. 与家人分享你登上黄山天都峰或者莲花峰的感受。

6. 1972年12月8日中午，芜湖游客王某在黄山天都峰游玩时，随手将未燃尽的烟蒂扔到山崖下的枯枝落叶处，引发大火。对此，你有什么想对游客说的？

模块三：登光明顶观云海、日出。完成：

1. 搜集描写黄山云海的诗文，并大声诵读。如清休宁人吴应莲的《黄山云海歌》。

2. 仔细观察并记录云海出现的时间、形成与变化的过程。

3. 用你自己擅长的方式拍摄黄山云海与霞光的照片或者视频。

4. 运用简笔画描绘云海或霞光的美妙。

5. 下面是黄山云海与霞光同时出现的奇观，请你说一说你的感受。

模块四：观赏黄山“三瀑”，泡黄山温泉。完成：

1. 仔细观赏黄山“三瀑”，写一篇300字左右的短文，与老师分享黄山“三瀑”的优美景色。

2. 拍摄照片，制成PPT，发到微信群，与小伙伴们分享。

3. 探寻黄山“三瀑”形成的过程，并说明为什么一个叫“瀑”，一个叫“泉”。

4. 假如你是研学导师，你会怎样介绍黄山温泉景区？

5. 哪个泉被称为“灵泉”，你知道其中的缘由吗？说给同伴们听一听。

6. 有机会可以在黄山进行一次泡温泉的体验，并记录下来。

7. 欣赏美文，思考作者是按什么顺序写黄山日出的，并模仿其写一篇800字左右的“日出”的美文。

【美文欣赏】

黄山日出

黄山日出历来被人们称为奇观。为了目睹这一美景，暑假里，我随父亲来到了黄山。

当天晚上，我们住在北海宾馆。一整天爬山观景的劳累，使我很快进入梦乡。迷糊中，只听见有人喊：“快，起来看日出了！”我一骨碌爬起来，揉着蒙胧的睡眼，身不由己地跟在大人后面往外走。一阵山风吹来，好凉啊！我清醒了许多，看看天上还泛着星光，一路上树影婆娑，怪神秘的。我来到清凉台，这是一个观看日出的好地方，此时已经有不少人等候在这里了。凭借着人小的优势，我七挤八拐后，找到了个好位置，等待着……

过了一会儿，东方显出了鱼肚白，人群开始骚动。一会儿，鱼肚白渐渐地转成红色，东方的天际出现了橙色的彩霞。忽然天边出现了一道发亮的光，是那样地耀眼，不知是谁说了句："快了，快了。"

这时我不知是由于冷，还是激动，只觉得心里发紧，牙齿打战。我看看四周，大人们也兴奋了起来，有照相机的准备按快门，等待着拍下那瑰丽的景象；没照相机的翘首以待，大家似乎都停止了呼吸。不知过了多少时间，太阳像一个小红球，突然从地平线上，不，不是地平线，而是从云海间跳出来，开始是半个，到后来，就变成了一个大红球。大地妈妈好像不愿让太阳离开自己怀抱似的，太阳只能一点点地向上挪。

大约过了半个小时，太阳终于挣脱了大地妈妈的怀抱，跃上了天际。啊！多么壮观，多么美丽！顷刻间，浩瀚的云海被太阳的光一照，变得色彩斑斓，远近的山峰在云海的淹没下，只露出小小的山尖，就像那大海中的小珊瑚礁……人们纷纷赞叹，赞叹这人间的美景。

看到这壮观的景象，我很激动。日出，表明新的一天开始，充满希望，充满光明！太阳，你给万物带来生机，给人们带来了温暖！

8. 以小组为单位，下列表格为线索，写一份黄山水资源的利用现状及存在问题的调查报告。

类　别		调研结果
气候特点		
地形特点		
平均降雨量		
平均径流总量	丰水年	
	枯水年	
地表水资源状况		
蓄供水设施	塘库	
	蓄水池	

模块五： 在黄山慈光阁的入口处看康熙御题的"黄海仙都"；在玉屏楼的迎客松旁有毛泽东主席题写的"江山如此多娇"和朱德题写的"风景如

画”；在天都绝顶有“登峰造极”字，在莲花峰顶有“一览群山低”，在鳌鱼峰上有“大块文章”，在白云新道有“卧石披云”；在青鸾峰（又称立马峰）上有“立马空东海，登高望太平”的巨幅摩崖石刻。完成：

1. 温泉景区的石刻碑林，完成下列表格：

区域	石刻、碑林	撰写者

2. 说说黄山最醒目、最著名的石刻“立马空东海，登高望太平”的历史，并探究它是如何刻在摩崖上的？

3. 看到“立马空东海，登高望太平”这样的摩崖石刻，你有什么感受？写出来和大家分享。

4. 将石刻的照片或者视频进行加工制作发到朋友圈里，与同学、家人分享。

5. 在黄山石刻中找出不同书法字体的石刻，探究石刻艺术与书法艺术之间的关系。

模块六：参观著名画家刘海粟美术馆，阅读徐霞客的《游黄山日记》，袁枚的《游黄山记》，叶圣陶的《黄山三天》，丰子恺的《上天都》等美文；游黄山景区，听研学导师讲解黄山自然景观与人文景观。完成：

1. 黄山为什么是刘海粟艺术的源泉。分小组举办讨论会，说一说刘海粟与黄山的故事。

2. 你能说出几幅刘海粟画黄山的名画？选其中一幅你最感兴趣的，谈谈你的理解。

3. 请你以刘海粟第十次上黄山为主题，写一篇500字左右的文章（文体不限）。

4. 从刘海粟十上黄山画出大量绘画作品的历程中，你有什么感悟？

5. 刘海粟爱画松，尤其是黄山松，结合其作品说一说其中的缘由。

6. 站在2021年的今天，我们回溯刘海粟十上黄山的艺术精神，你想对他说些什么？

7. 黄山自古就是画家们的“山水库”。你还知道有哪些著名的画家喜欢画黄山？

8. 任选黄山的一景，画一幅画，与同学们分享。

9. 聆听研学导师的讲解，结合自身游览黄山的经历，收集拍摄的美照，制作成一个PPT，与好朋友分享你研学黄山的收获。

10. 在老师的指导下认真调查，完成黄山土壤垂直分布图。

黄山土壤垂直分布图

海拔高度（米）	植被特点	土壤类型
1650 ~ 1950		
1400 ~ 1650		
1100 ~ 1400		
700 ~ 1100		
500 ~ 700		

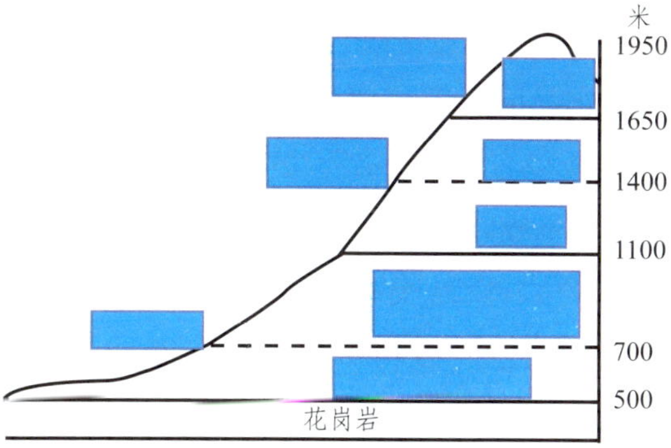

三、“人文交融 感悟黄山”——后活动课程

学习活动：

1. 举办一场黄山景色展示会，邀请学生、家长、老师以及亲朋好友参加。展示的方式不限，各小组可以选取各自喜欢的方式，从不同角度、不同层面充分展现黄山的秀美景色。

2. 各小组完成一篇黄山风景区自然与文化资源开发现状的调查报告。

3. 以黄山美景为题材，举办一场美术作品展。

4. 举办以“人文交融 感悟黄山”为主题的研学成果交流会。每组选取两位代表在交流会上发言，时间10分钟。

活动目的：通过黄山研学，让学生们走出课堂，零距离拥抱黄山。亲眼见识到教科书中描述的黄山奇石，跟着课本游黄山，领略祖国的大好河山。学会用自己的眼睛观察黄山，用自己的心灵感悟黄山。在充分领略好山好水的基础上，深切感悟大自然的神奇力量，体会徐霞客的“五岳归来不看山，黄山归来不看岳”的真谛。

活动要求：

1. 每位学生写一篇不少于1000字的关于黄山自然美景与人文景观的研学感悟。

2. 每个小组举办关于黄山风景区自然与文化资源开发现状调查的分享会，总结成一篇《黄山风景区自然与文化资源开发现状调查报告》。

3. 每位同学递交一幅以黄山美景为题材的绘画作品。

4. 学校选定时间，邀请家长、老师与同学共同参加“人文融合 感悟黄山”的研学成果交流会。内容包含：一是景色秀美黄山风光展示会，二是景色秀美黄山风光美术作品展，三是“人文交融 感悟黄山”的研学成果交流会，旨在通过多种途径和方式充分展示黄山壮美的自然风光，引导学生将课堂的知识融入心中。充分体现出研学旅行教育的革命性意义，是集社会调查、参观访问、亲身体验、资料搜集、专家点评、集体活动、同伴互助、文字总结等为一体的综合性社会实践活动，是一门基础教育课程体系中综合实践活动课程。

通过研学，学生接触社会和自然，在研学旅行体验中不断学习和锻炼，从而培养他们的生活技能、集体观念、创新精神和实践能力。不断培养其自理自立、文明礼貌、互勉互助、吃苦耐劳，艰苦朴素等精神品质，增进学生们对自然和社会的理解和认识，增强其社会责任感和创新实践能力。

第二篇

DIERPIAN

秀水·生态

新安江生态水系

活动目标

知识：通过新安江两岸一线的多面研学，了解新安江流域的地理、水文、历史概况；对新安江流域徽州起源、徽州教育、徽商发展史、徽州著名历史人物、徽州人文风土有整体的了解。

能力：通过实地考察，了解徽州水利运用、交通、生态的发展变化，理解徽文化与徽商发展相互依存的关系，与徽州商人勇于开拓、吃苦耐劳的精神密不可分的关系。

情感态度：进一步深化科技创新，提高环境保护意识，发扬徽商精神，建设美丽中国。

活动内容

1. 澄江如练现徽州
2. 文渊狮城话电站
3. 鱼梁坝上道交通
4. 镇海桥头赞徽商
5. 山水佳色说生态

活动课程

学习活动	澄江如练现徽州	文渊狮城话电站	鱼梁坝上道交通	镇海桥头赞徽商	山水佳色说生态
语文探究		经典观赏		讲故事悟精神	诗歌创编
数学探究				点徽菜我做主	

［续表］

物理探究			立体构图		
生物探究				美食追踪	
化学探究					
地理探究	河流标注		水运调查		
历史探究	史实检索				
政治探究					生态调查
人文综合		水电站探秘			
科学综合					
综合实践		发表演讲		探寻影响	
学科融合	秀水生态新安江				

引　言

“深潭与浅滩，万转出新安”，新安江发源于古徽州率水与横江，流经黟县、休宁、屯溪、徽州区、歙县，终于浙江省淳安县的新安江水库，全长373公里，其中在徽州境内干流242公里，是古徽州通往外界的主要通道，一千多年来，徽州人养精蓄锐、休养生息后考官经商、闯荡天下，一叶孤舟漂的也是这条江流。

新安江是徽州的母亲河，她的乳汁滋养了朱熹、戴震、胡适、陶行知、胡雪岩、胡宗宪等大儒巨贾；新安江是徽州文化的血脉，她孕育了新安理学、新安医学、新安画派、新安朴学、新

学习活动1：历史学习——史实检索

你知道中原居民三次大规模南迁发生在什么时候吗？南迁带来了什么影响呢？

【适合前活动课程 · 初中、高中学段】

安建筑、新安工艺、新安志学、新安版刻等灿烂的徽州文化。

溯新安江而上，千岛湖、渔梁坝、镇海桥、登封桥、渔亭桥似彩虹飞跨，徽州千年风云沉淀其上的每个故事都会让您思绪飞扬，和乡贤神交，与大贾畅谈；新安江畔流连，徽州古城、竹山书院、屯溪老街、万安古镇、黄山白岳、西递宏村如明珠点缀，折射出新安文化的智慧之光。

新安江从河流的长度与流域面积来说，只是一条小河，而从它蕴含的自然、人文存量来说，却是一条大河，其创造出丰厚的物质文明和精神文明，浇灌出独树一帜、灿烂璀璨的新安文化。

研学新安江，是一趟文化之旅和精神之旅。底蕴深厚的徽文化，一定会砥砺青春少年的脚步不断向前。

学习活动2：地理研究——河流标注

新安江的源头在哪里？流经哪些省份？最后流向哪里？新安江流域有哪些重要的支流？你能在地图上找到并描绘出来吗？新安江流经区域有什么地理特征？

（初中、高中段）

【适合前活动课程·全学段】

文渊狮城话电站

浙江淳安有一座名叫狮城的古城。因其占据新安江航道要塞，故而成为徽杭商业贸易往来的重镇，徽派街巷、徽派牌坊、徽派工艺、徽州文化在这里汇聚，是“新安文明”的发祥地之一。1959年，因建设新安江水电站大坝，古狮城被永远埋进了湖底，成为现今的千岛湖景区。

如今千岛湖上的文渊狮城，将沉没于水下的古城精髓一比一的复制在地面上，不仅再现了

学习活动3：历史拓展——经典欣赏

在线观赏纪录片《徽州文化》第2集《神奇山水》，记录下新安江一线六景。

【适合前活动课程·全学段】

当年狮城最繁华的徽派建筑东大街、北大街，甚至还在北大街再现了古狮城著名的姚氏功德牌坊、贞节牌坊等7座牌坊，文渊狮城是新安文化的实景博物馆。溯新安江水，探访徽文化，从文渊狮城起步。

文渊狮城北大街

文渊狮城徽派风光

新安江水电站位于浙江省杭州市建德市原铜官镇附近，在钱塘江的支流新安江上，距杭州市区170公里。新安江水电站工程于1957年4月开工，1960年4月第1台机组发电。电站总装机容量662.5兆瓦，保证出力178兆瓦，多年平均

学习活动4：综合实践——发表演讲

同文渊狮城一样，在长江三峡水电站的修建过程中，也有很多古城成为水下古城，你认为这值得吗？假如你是相关政府部门的工作人员，你将怎样动员当地居民搬迁呢？请列出动员稿的主要提纲。

【适合前活动课程 · 全学段】

年发电量18.6亿千瓦时。电站主要担负华东电网调峰、调频和事故备用任务，并且有防洪、灌溉、航运和养殖等综合效益。

新安江水电站

新安江水电站是中国第一座自行设计、自制设备、自主施工建造的大型水力发电站，被人们誉为“长江三峡的试验田”，是社会主义制度集中力量办大事的范例，是中国水利电力事业史上的一座丰碑，是中国人民勤劳智慧的杰作。新安江水电站的建设为国家建设大型水电站积累了宝贵经验，也为国内多座大中型水电站输入了大量人才。以两院院士、中国工程院副院长潘家铮为代表的杰出水电专家，以及柴松岳、葛洪升、孙华锋、苏立清、钟伯熙等一批优秀人物，都是在新安江水电站工作过的，后来先后走上省部级领导岗位。

> **学习活动5：地理探究——水电站探秘**
>
> 你知道新安江流域有几座水电站吗？可以沿途参观一下这些水电站，并回答下列问题：
>
> 1.我是物理小先生，水电站的技术原理是：
>
> 2.我是数学小先生，我可以用估算法算出大坝的长和高：
>
> 3.我是历史小先生，目前世界历史上最早的水电站和最大的水电站分别是：
>
> 4.我是政治小先生，我国水利电力资源开发的现状是：
>
> 【适合后活动课程·3.小学高段；1~4初中、高中学段】

鱼梁坝上道交通

渔梁坝是新安江上最古老、规模最大的滚水拦河坝，号称“安徽的都江堰”。它是徽商将货物运往江南的集散地和水运码头。称雄明清商界三百余年的徽商从这里起航闯荡天下。

渔梁坝岸边的唐宋古街犹如鱼形，“鱼肚”姚家巷海拔121.78米，而“鱼头”原土地庙处、“鱼尾”白云禅院海拔均只有115米左右，落差约7米。中间高两头低，“渔梁坝”因此得名。

渔梁坝

渔梁坝全部用花岗岩石层层垒筑而成。坝长138米，底宽27米，顶宽4米，全部用清一色的坚石垒砌而成，每块石头重达吨余。它们垒砌的建筑方法科学、巧妙，每垒十块青石，均立一根石柱，上下层之间用坚石墩如钉插入，这种石质的插钉称为“稳定”，也称元宝钉。这样，上下层如穿了石锁，互相衔接，极为牢固。每一层各条石之间，又用石锁连接，这样上下左右紧连一体，构筑成了跨江而卧的坚实的渔梁坝。坝中间有开水门，用于排水。渔梁坝可蓄上游之水，缓坝下之流，无论灌溉、行舟、放筏、抗洪，都可兼而利之。渔梁坝横截练江，使坝上水势平坦，坝下激流奔腾。坝南端依龙井山，北端接渔梁古镇老街。这条老街至今保存完好，是典型的徽派民居布局，青石板路往河边一侧有许多岔口，逐级而下，便可下到渔梁。

如果没有渔梁坝，也就没有徽商的辉煌。历朝历代都把坝之兴衰作为徽州兴衰的标志，渔梁坝是明清时期徽商起航、承接家族兴旺的地

学习活动6：立体构图

下图是渔梁坝的局部图，请你想象出图中连接（镶嵌）在两大石块之间的“双梯形”小石块的直观图。然后在空白处画出这个“双梯形”小石块的三维视图。

【适合前活动课程 · 全学段】

方，是名副其实的“徽商之源”。

徽州自古以来山多田少，农业收入不足以自给自足，人们只好转而从事手工业和商业。因此徽州地区有一句流传千古的老话：“前世不修，生在徽州；十三四岁，往外一丢。”而这“一丢”的起始点，就是渔梁坝。徽商中十之八九都是由这里走出徽州的。明清徽商中，古徽州一府六县就数作为府治的歙县，还有绩溪两地人数最多。而歙县和绩溪的徽商下苏杭、去京城等地，无不从渔梁坝出发。

受地形影响，古徽州陆路交通十分不便，当地的商贾只能依靠丰富的水运资源，从新安江上最大的支流练江放排出水，再转入新安江，继而到达江浙等地，把茶叶、木材、棉布、丝绸、纸墨等源源不断地输送到江浙的茶庄和市场，并最终完成资本的原始积累。

明清时期直至现代公路开通前，渔梁坝一直热闹非凡，坝下最多时停靠船只300余艘，水路交通的繁荣带动了渔梁古镇的发展，使这一带形成了一个热闹的商业街市，其中号称“徽商四大行当”的盐、茶、木、典当在商业街占有突出地位。

学习活动7：地理研究——水运调查

古徽州的水道主要有三条：

其一，沿新安江顺流直下到杭州，再由杭州经京杭运河通达南北；第二条水道是越过黄山，经宁国府太平县（今黄山区主体）由青弋江（发源于黄山北坡）到达芜湖，再由芜湖上达南京，下至武汉；第三条则是经过祁门县的阊江到达鄱阳湖，再由鄱阳湖南下前往闽粤。

请搜集资料列举出徽商们主要依靠三条水道运输什么？对比古今交通你体会到了什么？

【适合后活动课程·初中、高中学段】

镇海桥头赞徽商

新安江的北源率水与新安江的南源横江在黄山市政府所在地屯溪汇合后始称新安江，三江汇合处有座镇海桥，因为年代久远俗称“老大桥”。此桥始建于明嘉靖十五年（1536

年），为六墩七孔石拱桥，长133米，两端引桥各15米，宽6米，高10米，拱洞跨度13米或15米不等。

因三江汇集，这里是古徽州的货物集散地码头，桥头是随着徽商兴起而逐渐发展起来的街巷，俗称屯溪老街。这里有不同年代建成的300余幢徽派建筑呈鱼骨架形分布，总长853米，宽5至8米，包括1条直街、3条横街和18条小巷，其中百年商号有很多家。

因屯溪老街坐落在横江、率水和新安江三江汇流之处，商号、集市众多，所以又被称为流动的“清明上河图”。屯溪老街是中国保存最完整的、最具有南宋和明清建筑风格的古代街市，也是全国重点文物保护单位。2009年，屯溪老街与北京国子监街、苏州平江路一同当选为“中国历史文化名街”。

游览镇海桥与老街，寻访百年老字号商铺，了解徽商的创业艰辛与明清称雄的历史；坐船夜游新安江，在流动的“清明上河图”做一次时空的穿越，感受徽商繁庶之地的今昔变化。

学习活动8：综合实践——美食追踪

在屯溪老街上找寻老字号和土特产。你最喜欢的美食是什么？它们是如何制作的呢？请描述一下口味特点和简要的制作工序。（可以采用文字、照片或画图的方法）

【适合后活动课程·全学段】

屯溪老街

徽商，即徽州商人，始于南宋（1127年～1279年），发展于元末（1271年～1368年）明初（1368年～1644年），形成于明代中叶，盛于清代（1644年～1840年）中前期，至中晚期日趋衰败，前后六百余年，在中国商业史上占有重要的地位。

徽商文化是古徽州商人在长期的商业实践中形成和发展起来的，富有地域特色的价值观念、行为规范和物质文明的总和。包括以“徽骆驼”“绩溪牛”为形象代表，以徽商经营哲学、经营理念为内在特质的精神文化，以徽商经营之道，商业理论等为代表的制度文化，以徽商经营的商品、会馆、商标商号、商业环境等为代表的物质文化。

徽商凭借其较高的文化素养和贾而好儒的传统，逐步形成了“诚、信、勤、义、仁、和”等经营理念，有力地推动了徽商的兴盛。徽商具有不屈不挠的艰苦创业精神、孜孜不倦的求知上进精神、同甘共苦的群体发展精神和游

胡雪岩店铺

学习活动9：数学应用——点徽菜我做主

情境及要求：一个餐桌10人，500元，要求点齐徽菜的经典菜肴，12盘主菜。

参考分析：看似简单的点菜，包含了对数学知识的运用，是关于数量（总价格、菜品的不同价格、盘餐数量）之间的关系和组合的问题。运用到了平均数，最值的问题、优化的思想和不同的估算方法，不同的操作流程，体现了数学思想和方法；10个人的共同任务，这里面也是同学之间的合作、交流的契机。

【适合后活动课程·全学段】

学习活动10：语文提升——讲故事悟精神

灿烂的徽商文化孕育了众多的徽州人才。有时间一定要在“十里画廊新安江”的起点参观“照壁怀古”，听听发生在徽州人身上的那些故事。

请和你的同学们选择一位徽州人物，讲一讲他（她）的故事，从中你体会到了什么精神？对你有什么启示？

【适合后活动课程·全学段】

走四方的诚信服务精神。徽商奉行“货真、价实、热诚、守信”的为商之德，对商品要求货真价实，对顾客和商业伙伴热诚守信。“戒欺”“真不二价”“少时不欺客、畅时不抬价”等警句楹联，不仅屡屡出现在古徽州民居的门匾上，更贯穿于徽商经营活动的全过程之中。

徽商的兴盛，带来了徽州及徽商聚居之地物质文化的空前繁荣。“扬州之盛，实徽商开之”，徽州之所以成为“东南邹鲁”，则是徽商努力的直接结果。至今我们还能在很多地方看到大量的异彩纷呈的徽商文化遗存：徽州建筑，徽菜庖厨，博采众长，巧夺天工；京剧艺术，是徽班徽戏长期演变发展的结果。

徽州牌坊

徽州博物馆

学习活动11：思政分析——探寻影响

徽文化源远流长，“徽州博物馆”是学习徽文化的最好去处。参观学习后请思考，身处现代社会的你，发现了哪些徽文化的传承和影响呢？你的思考是什么呢？请记录下来，分享给大家。

我的发现	我的思考

【适合后活动课程 · 全学段】

当下的中国，仍然需要传承徽商精神。“徽骆驼”和“绩溪牛”所代表的徽商精神，不仅是徽商的巨大财富，更是徽商留给后人的宝贵遗产。

山水佳色说生态

秀水配佳山。新安江南源横江边有一座被乾隆皇帝称为“天下无双胜地，江南第一名山”之地，它与湖北武当山、四川青城山、江西龙虎山并称“中国四大道教名山”，这就是齐云山。齐云山是集丹霞地貌、摩崖石刻、道教文化、山光水色于一体的国家级风景名胜区、国家森林公园、国家地质公园、4A级旅游景区。山上有方腊寨遗址。宋徽宗宣和三年（公元1121年）镇压了方腊起义后改歙州为徽州，徽州从此诞生。齐云山下横跨横江的登封桥已经有四百多年的历史，它是登山的必经之道，桥长147米，宽8米，高9.5米，桥身以青石砌成，公元1788年被水冲毁后由西递商人胡学梓独资重建。

徒步穿越登封桥、拾级而上，回望脚下水天一色的新安山水，观摩崖石刻，感受月华

方腊寨

学习活动12：语文应用——诗歌创编

齐云山被乾隆皇帝题为“天下无双胜地，江南第一名山”。尤其是站在山顶回望新安江，会被“新安江水碧悠悠，两岸人家散若舟。几夜屯溪桥下梦，断肠春色似扬州”的和谐景色所震撼。（郁达夫的散文《屯溪夜泊记》）

请搜集描写江河的诗词，临摹一首献给徽州的母亲河——新安江吧！

【适合活动中课程·全学段，小学高段可以写一段文字】

齐云山俯瞰

街、太素宫的文化氛围，听一听嘉靖皇帝命天师张彦頨为他在齐云山建醮求子的传说……行走在天地之间。

一滴泉水，晶莹剔透，从海拔1629.8米处启程，流入山涧，在皖南汇聚为新安江，百转千回于斑斓山岭和白墙黛瓦间，东经千岛湖，汇入富春江、钱塘江，奔腾入海。

2012年，国内第一个跨省生态补偿机制试点在新安江流域拉开。秉承“谁受益谁补偿、谁保护谁受偿”的原则，皖浙探路改革，呵护碧

茶园周边景色新安江画廊

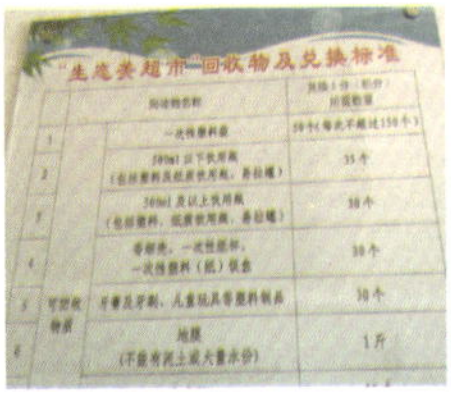

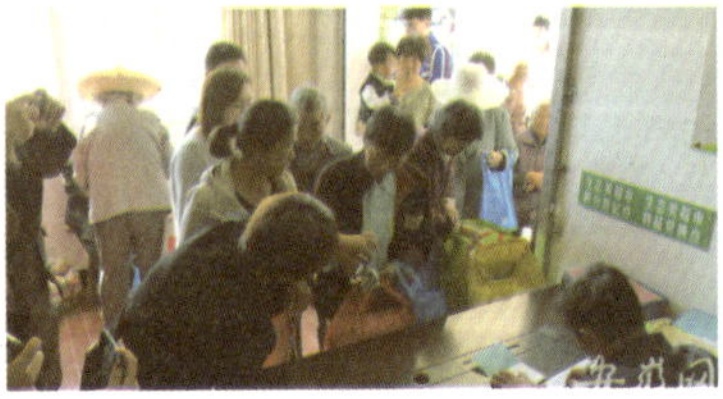

生态美超市垃圾兑换积分

学习活动13：生物实践——生态调查

泛舟新安江，同学们感受的不只是美不胜收的景色，还可以感受到天人合一的和谐生态景观以及整个徽州区域蓬勃向上的发展活力。生态文明带来了全区域的综合发展。那么我们来做一下社会调查，探查一下生态文明建设——“新安江实践”的具体举措。请同学们共同完成下表。

水东流。新安江已成为全国水质最好的河流之一，千岛湖水质稳定保持为优。

九年三轮的试点即将结束，青山、绿水、民富、民安就是最美的答卷。正如滴水汇聚成江河奔流入海，“新安江实践”也将汇入我国生态文明领域治理体系和治理能力现代化建设的洪流。生态补偿机制的建立从水环境扩展到空气、森林、湿地，从新安江扩展到九洲江、东江等多个跨省流域。

“新安江实践”还在森林、湿地、耕地、空气等领域不断推广。安徽依据各市PM2.5和PM10平均浓度季度同比变化情况实施空气质量生态补偿机制。2019年，安徽PM2.5平均浓度较2015年下降16%，淮南等三市产生生态赔付343.5万元，其余13市获得补偿2000多万元。

“新安江实践”及其升级拓展版充分显示了“绿水青山就是金山银山”的生态理念已经在城乡山水间落地生根。

领域	举措
水质	拨款、生态指标考核……
工业	关停污染大的企业、拒绝污染项目入驻……
水上垃圾	生态美超市积分卡……
渔民	转产安置……
绿色产业	有机茶叶……
……	……

【适合后活动课程·全学段，可以根据学段减轻难度】

小结：秀水生态

新安江一行中，同学们观看纪录片，游镇海桥，逛老街，品徽菜，访画廊，观电站，欣赏并学唱黄梅戏……了解了新安江的前世今生、新安文化的渊源、水资源的利用和开发、生态的和谐与保护。寻访新安江，不仅是希望同学们感受秀美风光，更是以河流为线索，让同学们去探寻徽州文化的传承与兴衰，理解“一方水土养育一方人”“天人合一”的徽文化的深厚内涵。充分联系实际，发掘其对当代文明的现实意义。

请以小组为单位，以“河流孕育文明”为主题，将所思所想汇聚成哲思文章，在全班分享。

课程评价：

评价要素	评价标准	评价方式
了解知识	能说出新安江两岸的一些人文和自然景色。了解新安江上的水电站的建设和环保情况；熟悉徽州商人的故事。	通过前活动课程、活动中课程、后活动课程中的学习活动评价所学
过程方法	学会观察、统计、调研等信息收集的方法，增强对事物的认识与理解	
情感价值观	从徽州商人的故事中，从生态保护和水电站建设的事迹中，从古今新安江两岸的变化中，体悟徽商精神，探讨现代社会科技、环保理念对社会变革的作用	通过分享会、小组合作、个人反思等方式展开讨论，评估所学

参考课程方案

新安江水系资源介绍

课程一　文渊狮城阅新安

新安江水库大坝

新安江，发源于安徽徽州（今黄山市）境内的率水与横江，流经黟县、休宁、屯溪、徽州区、歙县，终于浙江省淳安县的新安江水库，全长373公里，其中在徽州境内干流242公里。

唐代时，浙江淳安有一座名叫

碧水蓝天千岛湖

文渊狮城东大街夜景

狮城的古城因其占据新安江航道要塞，成为徽杭商业贸易往来的重镇，徽派街巷、徽派牌坊、徽派工艺、徽州文化在这里汇聚，是“新安文明”的发祥地之一。

溯新安江水，探访徽文化，从文渊狮城起步。

课程二　渔梁坝上道徽州

徽州古城是保存完好的中国四大古城之一，它始建于秦朝，自唐以来，一直是徽郡、州、府治所在地，见证了“一府六县”的千年徽州历史风云，1986年，被国务院列为国家历史文化名城。矗立在徽州古城内的许国牌坊以八柱石坊、牌坊主人生前建造、明朝书法家董其昌题额“三绝”为全国绝无仅有，许国“廉慎自守”的精神至今仍有借鉴意义。

渔梁坝

许国牌坊

徽州府

徽州府署

课程三　十户之村有诵读

渔梁坝溯新安江而上11公里，有个宰相故里雄村，雄村的竹山书院是清代歙县雄村曹氏族人的讲学之所，于清乾隆二十年至二十四年（1755～1759年）建成，清代名人沈德潜、袁枚、金榜、邓石如等曾来此讲学。明清两代曹氏共出进士、举人53名，其中有户部尚书曹文埴、军机大臣曹振镛等。现存大部分建筑为原构，是保存较为完整的一座徽州书院，2006年被国务院列为第六批全国重点文物保护单位。

从黄山北麓发源的富资水穿越唐模村水街汇入新安江，唐模文风昌盛，“一村三翰林”是古徽州教育的佳话。

在新安江南源横江岸边的休宁古城岩，黄氏宗祠内高悬状元郎黄轩、黄钰

宰相故里　一品雄村

竹山书院　礼圣

唐模　同胞翰林牌坊

许承尧翰林府　古城岩

唐模　尚义堂

万安古镇　行知路

的“状元及第”“钦点翰林”匾额，中国1300多年的科举制度有名可查的状元649位，休宁县占19位，高居全国各县之首。

地狭人稠，环境所迫和经商交流所需使徽州人很重视教育，据统计民国时期徽州歙、黟、休、祁四县私塾数量高达一千二百余个，明清时徽州书院有90多所，徽州书院创办时间之早、数量之多、影响之大均列安徽省前茅。

在竹山书院体验一回古徽州书院的礼圣仪式，到唐模村朝拜一次翰林故里，访古城岩状元宗祠，听一场状元文化知识讲座，进行一次殿试模拟考试，探索徽州的治学之道，思考教育在徽州文化繁荣、徽商兴起等方面的重要作用。

课程四　人水相生赞宏村

新安江的正源是横江，横江源头在五溪山下的黟县宏村，2000年11月以“举世无双的小城镇水街景观”正式列入世界文化遗产名录。宏村是汪氏

宏村南湖

水圳

月沼

家庭聚族而居800年的村落，宏村选址具有“枕山、环水、面屏”的特点，其建筑精美。宏村在众多徽派建筑中最显著的特色是水系，世界著名华裔建筑大师贝聿铭曾赞道：“宏村人工水系最微妙的就是这活水，流水不腐，长流不息，比苏州园林水流速度还快，还活。这种几百年前的水系设计，它的流速、坡度设计得这么高明，值得好好研究一番”。

课程五　徽州古韵隽永　新安山水流芳

建于率水河边的安徽中国徽州文化博物馆是安徽省第二大综合性博物馆，也是国内唯一一个全面体现徽州文化的主题博物馆，研学最后一站来到

月华街俯瞰

方腊寨

玉虚宫

天下无双胜境　江南第一名山齐云山

这里，通过对馆内极为丰富的陶瓷、砚台、徽墨、书画、徽州三雕、青铜器、玉器、杂项、古籍图书、徽州文书等近十万件文物的参观与讲解，结合前几天的实地游学，再一次综合性地感受徽州的风土人情。

课程内容框架
新安江水系——综合课程

全阶段综合课程模块

主题课程：水色佳美的新安江（前活动课程、活动课程、后活动课程）

学科群：语文、科学、道德与法治、美术

新安江水系研学课程设计
新安江水系研学——综合课程

主题："奇山异水，天下独绝"之新安江（全学段）

·学习对象：全学段学生

·学习目标：

1. 知识与技能：从游览新安江重要历史节点的千岛湖（新安江水库大坝所在）文渊狮城起步。在初步了解新安江的前世今生、新安文化渊源、水资源利用的基础上，观赏新安山水，感受徽风古韵。

2. 过程与方法：通过搜集资料、归纳整理、数据分析、实地实景查看、拍摄等活动，让青少年学会用自己的视角去观察大自然，感受中华大地富饶的资源和悠久的历史文化。充分调动学生主动探索学习的兴趣和积极性。

3. 情感态度与价值观：学习弘扬"徽骆驼"勇于开拓、坚韧不拔的精神；让学生从小树立环保意识，养成良好的行为习惯；帮助学生在同吃、同行、同住的研学活动中锻炼自立、互助、合作的团队精神。

·问题框架：内容问题：

具体的问题分为三部分：

1. 自然（科学、综合实践）

2. 人文（语文、思品、道法、艺术）

3. 科技（科学、劳技、综合实践）

（一）自然

（1）新安江的源头在哪里？流经哪些省份？最后流向哪里？新安江流域有哪些重要的支流？你能在地图上找到并描绘出来吗？

（2）新安江流经区域有哪些特产，你最想吃什么？你想知道它们是如何制作的吗？

（二）人文

（1）你能诵读一些赞美新安江水色佳美的诗句吗？搜集并赏析描写新

安江水色佳美的诗句，了解当时的时代背景及文化特点。

（2）你知道新安江流经区域有一个被人们称作“状元县”的地方吗？讲述一下状元县的故事。调研中国的科举制度。它为什么能成为“中国第一状元县”？分析科举制度对封建社会教育的影响，以及其对封建社会发展的作用。

（3）新安江素以水色佳美著称。你知道沿江有哪些名胜古迹吗？你最想去哪里？简述你对这些名胜古迹的了解。

（三）科技

（1）你知道新安江流域有几座水电站吗？你知道水电站的工作原理吗？从物理学的角度分析一下水能如何转化为电能，分析如何能提高水电站的发电效率，建设水电站有什么意义，水电站的建设对环境和居民生活的影响有哪些。

（2）你知道横跨在新安江上的桥有多少座吗？你能说出名字的有多少？这些桥的特点和作用是什么？分析不同类型桥梁的特点，结合现代桥梁结构，分析古代桥梁结构的优点和缺点。

综合任务：

1. 你知道“天人合一”的含义吗？你觉得新时代的新安江应该如何打造“天人合一”的生态文明样本，向世人呈现“山水相济、人文共美”的精彩画卷呢？

2. 驱动问题：感受新安江是一条生命之河，探寻古人传承的“因地制宜，天人合一”的开发理念。感受水色佳美的新安江，创作一幅水墨佳作。

3. 核心问题：透过新安江的自然风光，了解徽州人民是如何用勤劳和智慧创造出内容丰富、底蕴深厚的徽州地域文化的，感悟从历史深处逶迤而来的新安江。感受中华民族优秀的传统文化，激发学生的爱国热情和为中华振兴努力读书的奋斗精神，使青少年在传承中华优秀传统文化的基础上进一步将其发扬光大。

·学习工具：标号为HB的铅笔、铅笔刀、A1（841mm × 594mm）大小的白色卡纸、照相机。

·学习活动：分为行前课、行中课和行后课。

注：为了让研学任务系统、连贯，更有逻辑性，建议将任务结合学生对景点的认知顺序分步骤提出。不必拘泥于具体的学科，以任务（或项目）为主，让学生自己运用多学科的知识去思考，去解决。问题的答案可以是开放性的，着重培养学生独立思考的能力和分析解决问题的能力。

一、“奇山异水，天下独绝”之新安江——前活动课程

学习活动：

1. 根据课程提供的问题，以“新安江的由来”为题，自行查阅搜集资料，了解新安江一线六景的概况。结合新安江的自然地理条件，分析景观形成的原因。

2. 了解新安江水系及其流域的气候特点，了解新安江水系附近的特色植被和土壤特点，了解新安江水系的特色动物。搜集关于新安江山水的诗词，了解徽州文化发展中与之有关的历史。

3. 从历史的角度，分析古时新安江的风貌和当代新安江景观的区别？同时，从人文发展的角度，分析新安江流域的社会生活变迁。搜集新时期生态文明思想以及“新安江实践”的有关资料，思考分析新安江建设对当地社会发展的积极作用。

4. 观赏《黄山城市形象宣传片》；搜集关于新安江山水的诗词；分小组进行展示、分享、交流。观赏纪录片《徽州文化》第2集《神奇山水》；调研新安江流域的气候特点和生物多样性。

5. 探寻宏村的历史，找到《宏村人工古水系》及《宏村平面图》，谈一谈从图中你发现了什么，宏村的水系特点是什么，宏村的结构特点是什么。小组间分享心得体会。

6. 以班级为单位，学生可以分成4个小组，开展研学活动。了解宏村历史和宏村的修建特点，准备《宏村人工古水系》和《宏村平面图》，根据图分析水系对当地居民生活的影响，认识宏村在徽州文化中的地位和作用。

二、“奇山异水　天下独绝”之新安江——活动课程

学习路径：从杭州进入千岛湖，沿新安江逆流而上，渔梁坝、歙县府衙、屯溪老街、休宁古城岩、黟县宏村、道教圣地齐云山，最后到徽州文化博物馆。

课程一：观看《水下古城》短片，拍摄千岛湖美景，参观新安江水电站。完成：

拍摄千岛湖的照片：
我是小小讲解员，千岛湖：
调查：千岛湖形成的原因？千岛湖的特色生物（植物和动物）？

（1）我知道：许国牌坊的“三绝”是：____。

（2）徽派建筑有什么特色？谈谈自己的感受。建筑中有哪些图形特征？

（3）选择“徽州牌坊”“渔梁坝”“徽州古城”之中你最感兴趣、印象最深一个或几个的景点，写一篇200字左右的游记。

（4）说明千岛湖形成的原因。

（5）新安江流域的大坝有哪些？大坝的作用是什么？请你用估算法算出大坝的长和高：________________________________。

新安江水电站

（6）新安江水系上有多少个水电站，你知道这些水电站的历史吗？目前世界上修建最早的水电站和最大的水电站分别是哪个？水电站的技术原理是什么？水电站对人类生活的作用和意义是什么？我国水电资源开发的现状是怎样的？

（7）参观新安江水电站，了解水电站的建造历史、装机容量、经济意义及生态意义；了解水力发电设备的工作原理；测定水库不同水层的水温、水质，采集一瓶洁净的天然水。

新安江水电站是中国第一座自行设计、自制设备、自主施工建造的大型水力发电站，被人们誉为“长江三峡的试验田”，是社会主义制度集中力量办大事的范例。尝试完成《新安江水电站水文特性表》：

序号	项目	数据	序号	项目	数据
1	控制流域面积		7	水库总库容	
2	多年平均流量		8	调节库容	
3	校核洪水流量		9	防洪库容	
4	水位		10	电站最大水头	
5	正常蓄水位		11	设计水头	
6	防洪限制水位		12	最小水头	
水电站的作用：					

（8）千岛湖中有1078座翠岛。请设计一个方案，能够测量出一座岛与其相邻岛之间的最近距离（精确到0.1km）。（按照你设计的方案运用米尺、测角仪等工具得到相关数据，再通过有关的数学知识计算出两岛之间的最短距离，如下图测量出A、B两座岛之间的最短距离PQ。）

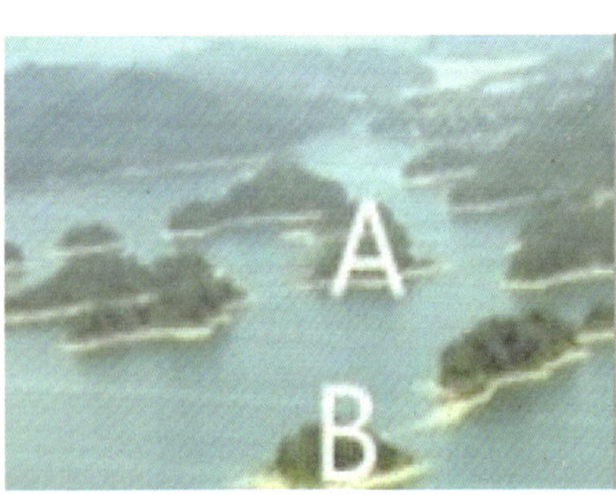

图（1）千岛湖局部照片

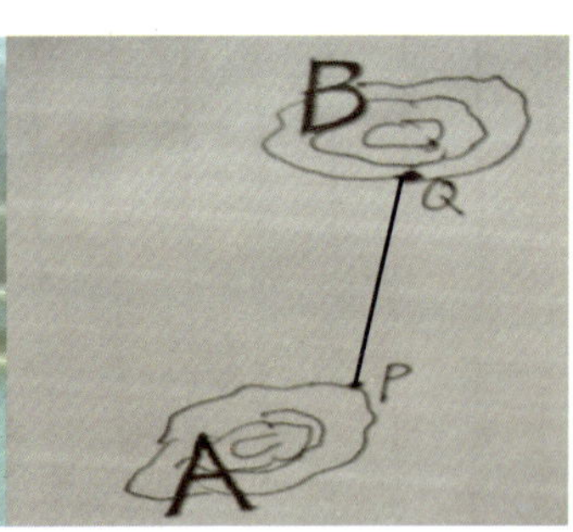

图（2）A、B两岛平面图

（9）游览国内首个非遗生活体验基地——文渊狮城。

了解文渊狮城的历史变迁，参观体验非遗生活体验基地，简述狮城中的徽州文化要素。

课程二：游览徽州古城，参观渔梁坝和许国牌坊。

（1）1986年，徽州古城被国务院列为国家历史文化名城。你知道其依据吗？简述徽州古城的历史变迁，徽州古城的建筑特点，有哪些特色的标志性建筑。

（2）简述许国牌坊的历史。许国牌坊反映出的中华民族优秀传统文化是什么？

（3）探秘：仔细阅读渔梁坝的碑文，从数学和建筑学的角度，请你分析渔梁坝设计上的特点，试着画出渔梁坝科学稳固示意图。

（4）下面图A是古徽州人前往苏杭谋求生存的重要航道码头——渔梁坝，图（B）是渔梁坝的局部图，请你想象出图B中连接（镶嵌）在两大石块之间的“双梯形”小石块的直观图。然后在图C中画出这个“双梯形”小石块的三维视图。

分析“双梯形”小石块的力学特征，简述其作用。对当代建筑工程是否有启示意义？

图 A

图 B

图 C

渔梁坝

（5）绘制徽州古城中一处典型的徽派建筑结构图，分析该建筑的几何特征（从图形角度）和实际作用。

例如：请同学们任选一处马头墙进行几何图形绘制，看一看你们画的马头墙外观造型是否一样。注意对基本图形的准确绘制。

徽式建筑马头墙

参考资料：

各类马头墙的形式

（6）简述徽州建筑中所包含的人文思想。

（7）分析中国古代建筑中包含的科学原理，选择其中一点即可。

（8）了解许国牌坊的历史。许国牌坊反映出的中华民族优秀传统文化是什么？简述许国牌坊对当代思想道德教育有哪些借鉴意义。

课程三：游历雄村、唐模、休宁古城岩；参加一次徽州书院礼圣仪式；体验竹雕“礼孝杯”；聆听一场状元文化知识讲座，感受古徽州尊儒重教的社会氛围。完成：

（1）唐模村被游人誉为“中国水口园林第一村”，请你根据地理学的相关知识，说说水口一般建在哪里，有什么作用。

（2）写一句对你影响最深的古徽州尊儒重教的诗句。结合自己的研学经历，谈一谈你对此诗句的理解。（分析古徽州尊儒重教的文化氛围对徽州文化和徽州地区教育的影响。）

（3）“状元县”的十九位状元你知道几个？你能说出他们的名字吗？请你沿着十九位状元的足迹，结合《历史》七年级下册（人教版）中所学的科举制度，试着考证休宁谱写“中国第一状元县”诗篇的原因。

（4）在竹雕师傅的指导下，了解竹雕使用的工具包括哪些。竹雕的材料是什么，竹雕的工艺步骤有几步。请同学们亲手雕刻自己的作品——礼孝杯，拍照发给自己的爸爸妈妈，并对他们说一段自己想说的话。简述竹雕制作的关键工艺（竹雕采用的工具原理，竹雕工艺和竹雕技术，竹雕作品对徽州文化的传播作用）。

（5）文人墨客中广有“休宁山色横江水，回首依依勒马看”的赞誉。安徽省在“十二五”规划中撤县设区，将休宁定位为未来的中国休闲养生之都。结合其自然和人文资源，你能制定一个合理的规划方案吗？

课程四：观看电视剧《天下徽商》第1集，行镇海桥，逛老街，访徽州商铺，品徽菜，学唱黄梅戏，感受美食与戏曲文化的交融，诵读郁达夫的散文《屯溪夜泊记》。完成：

（1）找一找：镇海桥的结构有什么特点？请你在商铺中寻找具有徽文化的代表性的商品，用手机通过“换个角度发现美”的方式拍下这些商品，制作后分享到班级的交流群。

（2）想一想：根据《美术》三年级下册（人教版）教材中关于桥的画法，想一想怎样勾画镇海桥的画面，能够更加突出桥的特点？

（3）画一画：画出镇海桥，拍照发朋友圈，与小伙伴们分享绘画心得。

（4）说一说：你最喜欢的徽州美食是什么？它是用什么食材制作的？口味如何？

（5）诵读郁达夫的散文《屯溪夜泊记》，品味文中诗句“新安江水碧悠悠，两岸人家散若舟。几夜屯溪桥下梦，断肠春色似扬州。”分析诗句表达的内容，分析诗句的感情特色，谈谈你对诗句的体会，可以结合文章的历史背景进行分析。

（6）以“徽商的足迹”为题，写一篇500字左右的历史小论文，谈一谈徽商精神。

课程五：同学们按照提前准备好的《宏村人工古水系图》及《宏村平面图》上的指示，顺着水圳进入宏村，指出雷岗山、西溪、石碣头、月沼、南湖、水圳的位置。在研学导师、班主任的带领下，以班级为单位到宏村中学观摩高空航拍的宏村全景，走进水系测绘课堂，亲手绘制《宏村水系寻踪图》。

（1）宏村素有“中国画里的乡村”之美誉，请你用最简洁的语言来描述你眼中的宏村。

（2）简述宏村的发展史，分析宏村建筑的布局特点。

（3）明永乐年间，宏村第七十六世祖曾三次聘请风水先生何可达到宏村进行勘察。他认为宏村的地理风水形势乃一卧牛，须按照“牛型村落”进行规划和开发。请你以宏村为例，说说风水学有科学依据吗。

（4）请同学们以班级为单位，分小组绘制《宏村水系寻踪图》。分析宏村水系对居民的生活起到了哪些作用。

课程六：徒步齐云山，聆听登封桥、方腊洞的故事，参观徽州文化博物馆。简述齐云山的地形特点，了解齐云山的民俗文化。

（1）简述对你影响最深的徽州文化特色或者徽州精神特质是什么。齐云山被乾隆皇帝题为“天下无双胜地，江南第一名山”。你认同吗？说说原因。

（2）简述齐云山的地质结构特征，采集一些植物标本。并说明环境对植物有哪些影响。

（3）简述徽州经济文化发展的各个重要历史阶段，简述徽州文化和徽州经济之间的关系，分析并写出你所了解的徽州文化内涵或者徽州精神特质。

（4）聆听登封桥的故事，欣赏新安江的美景，感受齐云山的民风，请以“我学会了×××”为题写一篇500字的研学心得。

（5）“点徽菜我做主”活动

为了更好地享用徽州美食，在正式的晚餐之前进行一个“点徽菜我做主”的活动，看看哪桌同学能用相同的餐费又快、又多、又不浪费地点到自己想吃的徽州美食，活动中要运用学过的数学统计、统筹等知识。

具体活动内容是：以每一桌的同学为一个小组，每桌同学要点几个有代表性的徽菜，以每桌10人每人50元的标准，整桌菜的价格如果超过500元，超出部分要由这桌的同学共同承担，如果最终金额少于500元也不退钱。看哪桌同学能以500元为标准，点得既快，又能点到自己想吃的特色美食。

三、“奇山异水，天下独绝”之新安江——后活动课程

学习活动：

1. 水色佳美的新安江：设立主题，搜集、整理材料，利用手抄报、图画、作文、诗歌、快板、摄影集、访谈、视频等作品形式展示自己对新安江水系的印象。然后进行学生互评，最后再邀请教师点评。通过展现自然风光的秀美，激发学生热爱自然、拥抱自然的情感。

2. “保护大自然，从我做起”：首先小组交流如何“从我做起”。然后，教师引领学生提升：养成良好的生活习惯；好好学习，科学保护大自然；加强宣传，自觉抵制不文明的、损害大自然的行为。

3. 撰写现代话剧《徒步新安江 寻找徽州魂》

用纪实的手法再现新安江研学的历程，形象生动地还原出同学们的所见、所闻、所感和所获。从而促使同学们回顾、反思研学活动的全过程，整合所了解到的徽州文化，进一步加深同学们对徽州文化的理解。

活动要求：

（1）将新安江研学途中的奇闻逸事与徽州文化结合在一起，创设不同角色，编写成剧本，重点突出新安江是徽州人的母亲河。

（2）以班级为单位，进行角色的合理分配，鼓励同学们积极参与。

（3）话剧时长设定在45～60分钟。

（4）以班级为单位举办研学汇报演出。

（5）组织学生、家长和老师观看表演。演出后组织学生讨论：新安江是徽州人的母亲河，它哺育着两岸勤劳智慧的儿女，创造出丰厚的物质文明和精神文明，浇灌出独树一帜、光辉灿烂的新安文化。教师点评：新安江从河流的长度与流域面积来说，只是一条小河，而从它蕴含的自然、人文存量来说，却是一条大河。记录新安江，不仅是展示其流域的人文魅力，更是以河流为线索，探寻徽文化的传承与兴衰，充分联系当下的实际情况，发掘其对当代发展的意义。

（6）请写出你自己的研学收获。

四、天人合一的生态新安江——后研学课程

学习活动：

1. 以小组为单位，选一个角度，将研学过程中拍摄的照片、视频、文字等资料制作成5分钟左右的新安江微视频，与大家分享。

2. 确定一个研究课题：以生态新安江为主题，围绕新安江生态文明建设中存在的问题展开研究，尝试着为新安江打造生态文明样本做一些有益的思考和探索，实现“学中用，用中学”的研学思想。要求：充分挖掘古徽州人“因地制宜 天人合一”的理念，树立人与自然和谐共生的科学发展观。

3. 在全班进行展示分享。

第三篇

DISANPIAN

格局・秩序

徽州古城

活动目标

1. 通过实地游览、人物访谈、调查研究等多种途径，同学们领略了徽州古城美丽的风光，了解了徽州古城的发展历史，知道陶行知先生的主要教育理念。请你说出徽州的几道名菜。

2. 通过访问、考察、参观、操作、体验等方式，使同学们熟悉文房四宝的制作流程，感悟工匠精神的源远流长和古今传承。

3. 通过品尝美食，参观博物馆，走街串巷，同学们可以体会到徽州人古今生活的差异，感悟徽州地区文化的博大精深，懂得在遵循自然规律的基础上充分发挥人的聪明才智，将传承与创新相结合，更好地将传统文化发扬光大。

活动内容

· 引言
· 访徽州府衙，看知府断案
· 仰巨人丰碑，悟行知合一
· 品舌尖美味，慕神州佳肴
· 观文化博物，叹源远流长

活动课程

学习活动	访徽州府衙 看知府断案	仰巨人丰碑 悟知行合一	品舌尖美味 慕神州佳肴	观文化博物 叹源远流长
语文探究	书法鉴赏			诗歌咏叹
历史探究		陶子年谱		

［续表］

化学探究			臭味分析	
人文综合	字谜哲思	理念感悟		徽州名人
综合实践	规划路线/学说方言		学做包袱饺	
学科融合	神思飘扬			

引　言

“城”本意是城邑四周的墙垣，里面的叫城，外面的叫郭。城字单用时，包含城与郭。城、郭对举时只指城。城在古代还有国、国家的意思，比如，中央之城就是中央之国的意思。到了现代，城就主要是指人口密集、工商业发达的地方，通常也是周边地区政治、经济、文化的中心。

纵观中国历史，不乏一座座由墙围起来的“城”。在高耸的土墙（后期为砖墙）圈起的空间内，公共交通（街巷、道路、河道）将这一空间分割成若干单元。每一单元又由各类建

徽州府城

学习活动1：语文延伸——书法鉴赏

下面是“城”字的几种写法，请辨析字体，并简要描述不同字体的特点。

筑（官廨、民居、祠堂、道观、庙宇）及公共空间（军事用的校场、交换生活物品的各类市场）填充，构成了这座城市公共管理和社会生活的各类要件。中国古代城市的发展，受政治影响最大，军事防御次之，商业和交通等的需要，则都只是陪衬。一个地方成为行政中心之后，工商业必然兴起，于是就演变为综合性的城市。

【适合前活动课程·全学段】

访徽州府衙　看知府断案

古老的徽州大地上黟、歙两县自秦始皇一统中国置县至今已有2240余年历史，这期间这块大地风云变幻、政权更替，行政称谓也经历了新安郡、歙州、徽州的变化。

徽州古城始建于秦朝，自唐代以来，一直是徽郡、州、府治所在地，故县治与府治同在一座城内，古城分内城、外廓，有东西南北四个门，其中西门城郭上的两座谯楼，至今还保留着瓮城、城门、古街、古巷等，形成了城套城的独

学习活动2：综合实践——入乡随俗

徽州古城景点众多。请你和小伙伴们一起运用指南针，自行设计一条合理的研学路线，并在规定的时间内顺利到达规定的地点。

学唱一段徽州民歌或者说几句歙县方言，体会一下作为一名徽州人的感受。

府衙正门

洪桥

特风格，是保存最完好的中国四大历史文化名城之一。

【适合前活动课程·全学段】

徽州府衙坐落在徽州古城的西北面，隋义宁年间（617～618），越国公汪华即迁于此，徽州府衙建于元末明初。徽州府衙历史上曾多次重建与大修，2009年歙县政府依照明弘治年的建筑规制，采用“原工艺、原材料、原规制”的方式在原址上对徽州府衙进行了复建。徽州府衙总占地面积2.4公顷，建筑面积9800平方米。主要包括南谯楼、仪门、公堂、二堂、知府廨组群，整体建筑气势雄伟，规模庞大，体现了徽派建筑的精髓。与周边的古街巷、古民居相依相融，是徽州古城的核心地标，承续着两千多年绵延不绝的文化脉络。

明代府衙布局多以中轴对称、左尊右卑和前衙后邸为基本原则。明正统年间重修后的徽州府衙以一条南北向的主体甬道为中轴线，牌坊、南谯楼、仪门、正堂、后堂和知府廨等主要建筑依次排列在这一中轴线上。从数学角度来看，其特点之一就是其空间布局中的几何美学。徽州古城分内城、外廓，有东西南

注：廨：官署，旧时官吏办公处所的通称。

北四个门。此外还保留着瓮城、城门、古街、古巷等。这些建筑中大多数都符合空间轴对称结构，即以中轴线为核心的对称布局和对称结构。各类房屋沿中轴线依次布置，显示了建筑的等级关系。同时中轴线布局充分体现了“中”的思想，通过“中”来体现均衡与对称，达到“中庸”的理想状态。

徽州府衙是古徽州府的象征，其府衙历经数次扩建，到明代中期达到格局最完整、规划最恢宏的时期，在建筑、史学界素有“徽州故宫”之称。

学习活动3：语文延伸——字谜哲思

徽州府衙内堂悬挂的一个匾额，上书“清慎勤”三个大字。其中“勤”字，左下却少了一横。对此，理解正确的是：

①以发展的观点看问题，看到勤还需“不止步”，要有永远在路上的状态。

②以辩证否定的观点看问题，官员“日不食，坐以待旦”，国家繁荣；“诗酒宴、风流娴雅”，国家衰退。

③以辩证的观点看问题，“凡事，勤则成，怠则废……故善持其志者不为昏怠所乘，是以业日广，德日进”

④以全面的观点看问题，“廉不言贫，勤不言苦；尊其所闻，行其所知”

A.①② B.①③

C.②④ D.③④

【适合活动中课程·全学段】答案：C

徽州府衙有南谯楼、仪门、正堂院落、后堂院落和廨舍院落五大组群。“知府断案”在正堂，是徽州府衙的主体，按清代形制恢复，还恢复了府衙仪门、息民亭和戒石碑亭等。复建后的徽州府衙是府衙建筑群依中轴线而成，和故宫一样。在这个建筑空间里，“照壁、承宣坊-旌善亭、申明亭-南谯楼、中心广场-仪门-戒石碑亭-正堂-后堂-宅门-宅前堂-宅后堂-清心阁”等依次而落。核心轴线把各个半开放型的小广场串联起来，府衙空间外观古朴大气，错落有致。

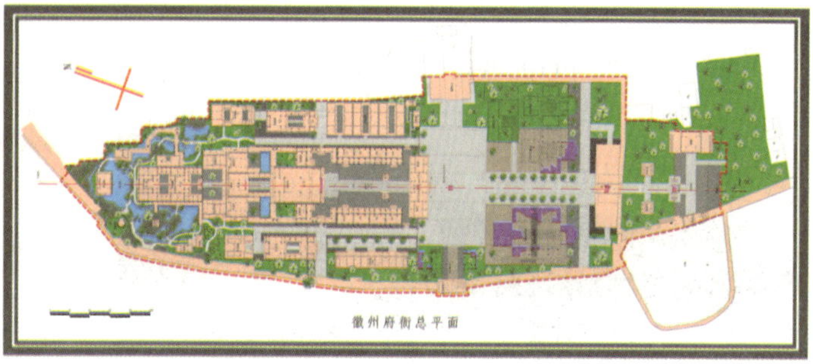

同时在徽州府衙区域内还有徽州历史主题博物馆，包括徽州名人馆、地方历史馆、徽州

徽州府

书画馆、徽州传统工艺馆、徽州民俗馆等。以主题展馆和府衙建筑为载体，展示徽文化，特别是以府衙文化为核心的徽州历史、徽学、徽州民俗等。

仰巨人丰碑 悟知行合一

近代教育是从创办新式学堂，废除科举制到新学制的颁布，逐渐发展起来的，如果说京师同文馆是近代教育的起步，京师大学堂是近代教育向科学进军，那么晓庄师范的创办则是教育走向农村，走向更广大人民群众的起点，而迈出这重要一步的就是中国著名教育学家陶行知先生。

陶行知纪念馆位于历史文化名城歙县古城的中和街上，馆名乃1984年初建时，时任中共中央总书记胡耀邦同志所题写。

陶行知纪念馆瞻仰厅

一进大门，映入眼帘的便是宏伟典雅，风格独特的瞻仰厅。“万世师表”的匾额金光灿灿，乃宋庆龄手迹。陶行知书写的对联“捧着一颗心来，不带半根草去”，是他终生恪守的人生准则。正中照壁上“伟大的人民教育家”金色大字，潇洒飘逸，刚劲有力，是伟大领袖毛泽东主席对陶行知先生的赞誉。天井两边回廊的墙壁上镶嵌着八块玉山石雕图案，其中四块分别刻写着陶行知的至理名言手迹“行动是老子、知识是儿子、创造是孙子”“分析过去、抓住现在、创造将来”“爱满天下”“手脑相长”；另外四块刻画着陶行知生活和工作过的具有代表性的地点：歙县家乡、南京晓庄师范学校、上海山海工学团和重庆育才学校的画面。纪念馆里面陈列着陶行知先生的著作和其生平事迹的图片、报刊以及世界知名人士的题字，陈设皆存故貌，令人肃然起敬。

陶行知（1891～1946），原名陶文浚，安徽歙县黄潭源村人，是近代中国杰出的教育家、教育思想家、卓越的民主主义战士、伟大

的爱国者、伟大的共产主义战士。他毕生为普及大众教育，提高民族素质而努力，他从中国国情出发开展平民教育运动，乡村教育运动，创立了“生活教育”理论，创办了举世闻名的晓庄师范学校、上海山海工学团、重庆育才学校和社会大学等新型学校。著作有《陶行知全集》12卷。

陶行知先生的一生是不断追求真理、为人民的教育、为中国人民的解放和民主斗争事业艰苦奋斗、鞠躬尽瘁的一生。毛泽东称赞他为“伟大的人民教育家”，周恩来评价他为“无保留地追随党的党外布尔什维克”，宋庆龄尊称他为“万世师表”，江泽民称其是“伟大的爱国主义战士”“是中国近代教育史上的‘一代巨人’”，倡导全国“学习陶行知教育思想，促进教育改革”。“生活教育”是陶先生教育思想的精髓，“创造教育”是核心，“民主教育”是目标。其教育理念主要可以概括为以下几个字：

第一个字【实】：实事求是，一切从实际出发。先生以实践第一的观点，倡导“生活即教育，社会即学校，教学做合　”的生活教育理论，把美国杜威先生的“教育即生活，学校即社会，做中学”翻了半个筋斗。

第二个字【活】：活读书，读活书，读书活。他亲自设计的晓庄师范校旗中，中心大大地写上一个“活”字。旧教育先生教死书，死教书，教书死。学生是读死书，死读书，读书死。教育应该是动态的、接受熏陶的。人才不是教出来的，应是酿造出来的，应是潜移默化

学习活动4：陶子年谱

为陶行知先生撰写简要版年谱，从年谱中选取一件主要事迹，分析当时的时代背景。

【适合活动中课程·全学段】

的。日新其德、日勤其业。

第三个字【真】：为什么培养人？培养什么样的人？怎样培养人？陶先生明确地指出："千教万教教人求真，千学万学学做真人。"

第四个字【创】：创造教育是陶先生教育思想的核心。晓庄师范、新安小学、湘湖师范、科学下嫁运动、山海工学团、重庆育才学校、社会大学都是陶先生的创造实践。小庄、老山的地名，小庄—晓庄，老山改为"劳山"，他自己的名字也改了三次，陶文濬—陶知行—陶行知—陶（行知行），创造是建立在"实、活"基础上的一种伟大举措。

第五个字【爱】：爱满天下，乐育英才。爱是一切创造教育的源泉，没有爱，便没有教育。陶行知先生放弃了高官厚禄，脱下了西装革履，穿上布衣草鞋，下乡来，住在牛棚里做教育。

第六个字【新】：即"自新、常新、全新"。教育的作用，是使人天天改造，天天进步，天天往好的路上走；就是要用新的学理，新的方法，来改造学生的经验。

第七个字【行】："行动是老子，知识是儿子，创造是孙子。"1934年，陶知行正式改名为陶行知。"行是知之始，知是行之成"，先行后知，教学做合一，手脑并用，在劳力上劳心，理论和实践辩证统一。

第八个字【人】："千教万教教人求真，千学万学学做真人。"教育的真谛便是育人，追求真理做真人。万年大计教育为本，教师为本，

学习活动5：人文综合——理念感悟

陶行知先生写的一首诗《春天不是读书天》："春天不是读书天：关在堂前，闷短寿源！春天不是读书天：掀开门帘，投奔自然。春天不是读书天：鸟语树尖，花笑西园。春天不是读书天：宁梦蝴蝶，与花同眠。春天不是读书天：放个纸鸢，飞上半天。春天不是读书天：舞雩风前，恍若神仙。春天不是读书天：攀上山巅，如登九天。春天不是读书天：放牛塘边，赤脚种田。春天不是读书天：工罢游园，苦中有甜。春天不是读书天：之乎者也，太讨人嫌。春天不是读书天：书里流连，非呆即癫。"从这首诗中，你感悟到了陶行知先生哪些教育理念？你对此有何感想？

师德为本，育人为本，人格为本。陶先生说，“道德是做人的根本，根本一坏，纵然你有一些学问和本领，也无甚用处”。本领越大，学问越高，为非作歹越大。引导学生从小建立人格长城，建立人格防线。

品舌尖美味　慕神州菜肴

【适合活动中课程 · 全学段】

不同地域的人有不同的饮食习惯和味觉倾向。人们将这些饮食喜好发展成了一种习俗，一种文化，使得无数食客流连世界各地，体味不同特色饮食文化。

中国徽州，那里有令人垂涎的珍馐，也有令人回肠的美味。来自深山秀水的特色食材和独特调味牵动着无数徽州人的神经和味蕾。

徽菜的由来：徽州地处山区，历来少战乱，自唐宋以后中原大批移民南迁至徽州一带，聚族而居，建祠修谱，形成了严密的宗族

徽州名菜

制度。各族、各派均有自己的信仰和崇拜的偶像，为祀神礼佛，民间便产生了各具特色的饮食供品，最典型的莫过于祭祀隋末农民起义领袖汪华的“赛琼碗”。一年一度的祭祀活动在集中展示汪氏族人精心烹制的数百碗供品的同时，也造就了一代代的民间烹饪家。

徽菜的形成与古徽州独特的地理环境、人文环境、饮食习俗密切相关。绿树丛荫、沟壑纵横、气候宜人的自然环境，为徽菜提供了取之不尽，用之不竭的新鲜原料。得天独厚的地理条件成为徽菜发展的有力物质保障，同时徽州名目繁多的风俗礼仪、时节活动，也有力地促进了徽菜菜系的形成和发展。在绩溪的民间宴席中，县城有六大盘、十碗细点四，岭北有吃四盘、一品锅，岭南有九碗六、十碗八等。

民以食为天，世界上任何一个国家都有一个传统的饮食文明与其他文明共同在历史中轮回。

徽菜作为我国八大菜系之一，它发源于南宋时期，起源于歙县（古徽州府）。徽菜历史上以烹制山珍野味而显其特色。因古徽州地处皖南山区，山珍野味十分丰富，有野蕨、冬笋、香菇、石耳等，为徽菜的烹调提供了特殊而又丰富的原材料。长期食用这些山珍野味制作的菜肴，对人体大有裨益。徽菜进入城市后，为适应食客的喜好，也会选用一些海鲜为原料。原料选择上更加广泛使徽菜的花色品种不断丰富并日益增多。

徽菜在制作上十分讲究色、香、味、形，

学习活动6：化学探究——臭味分析

有一道徽州名菜，初次见到它的人不敢下筷，因其发出的似臭非臭的气味，叫人有点担心。当吃过一口后，便会惊讶地发现它的味道是那样的鲜美，这就是徽州的名菜—臭鳜鱼。

请你了解臭鳜鱼的制作方法，并试着从化学的角度分析其独特口味的形成原因。

（参考答案：鳜鱼为什么臭？臭鳜鱼的臭味主要来源于其特殊的腌制方法，这源于鱼类丰富的蛋白质，在湿热的条件下部分蛋白质发生分解，此时就会产生黏液和淡淡的臭味，但因为有少量氨基酸产生，所以又会使鱼肉有明显增加的鲜味。同样道理，在酱豆腐、臭豆腐中也会出现这样的状况。）

注重分量和汤卤；在烹饪上擅长烧、炖、焖、蒸和炒、炸、溜等做法，菜肴保持原味不变，原汁不耗，色香味俱佳；在选料上尤其讲究产地、季节、鲜度、部位、老嫩和品种；佐料则常用竹笋、冬菇、木耳、石耳等营养丰富的山珍，鲜香味美。如徽菜名菜“红烧划水”，就是选用新鲜的草鱼或青鱼，不用油煎，以微量热油滑锅，加调味料旺火急烧五六分钟即成，即不失鱼肉水分，又保持鱼肉味鲜质嫩，成为脍炙人口的佳肴。徽菜的卤菜略带甜味，风味别具一格。

作为中国特色菜系之一，徽菜有自己的独特风格，即人们常说的三大特色：重油、重色、重火功。徽菜“三重”特色的形成是因为徽州地处山区，水中含矿物质较多，久饮便有刮人之感，加上当地盛产茶叶，人们都有喝茶的习惯，油食少了便有不适之感，于是做菜时多放油，形成了重油的特色。重色的特点也是人们的

徽菜特色名菜

【适合后活动课程·高中学段】

学习活动7：综合探究——学做“抱负”饺

“包袱饺”，因饺子的形状似徽州商人所背的包袱而得名。“出门的饺子，进门的面”，传说过去徽州商人，出行之前，家人都要聚在一起吃一顿包袱饺子再出门，意为对即将背井离乡、远离亲人者的一种祝愿，告诉他此番远行，一别忘记随身携带的包袱衣物，二别忘了自己此行的抱负（“包袱”的谐音），三别忘了自己的家乡，还有家人在期盼与等待。

请学做“包袱饺”，体会其中的寓意。

生活习惯所形成的，每到夏秋之间，当地农民家家户户自制面酱、豆酱、酱油，用大缸盛放，炒菜时都要舀一两瓢放入菜内，使菜肴呈很深的紫红色，至今农村仍保留这种习惯。至于重火功特色的形成是与山区有大量木材、木炭有关。随着徽菜的不断改革发展，“三重”已被赋予了新的含义，“重”解释为重视、讲究的意思。

徽菜是中华八大菜肴之一。徽菜不仅是舌尖上的美味，也是中国饮食文化的一种折射。徽菜文化是一种视野广、层次深、角度多、品位高的悠久区域饮食文化；是中华人民在几千年的生产和生活实践中，在食源开发、食具研制、食品调理、营养保健和饮食审美等方面创造、积累下来的优秀物质财富和精神财富。

观文化博物 叹源远流长

【适合活动中课程·全学段】

安徽中国徽州文化博物馆是安徽省第二大综合性博物馆，也是国内唯一全面体现徽州文化主题的博物馆。博物馆的基本陈列为《徽州人与徽州文化》，主要分为：走进徽州、天下徽商、礼仪徽州、徽州建筑、徽州艺术、徽州科技六个部分；展示内容有：新安大好山水、徽州与徽州人、明清徽商、徽州女人、东南邹鲁、程朱阙里、徽州宗族、新安医学、科技之星、文房瑰宝、新安画派、徽派版画、徽派篆刻、徽州村落、徽州民居、徽州三雕等。

截至2015年，安徽中国徽州文化博物馆收藏有陶瓷、砚台、徽墨、书画、徽州三雕、青铜器、玉器、杂项、古籍图书、徽州文书等各种文物近10万件（册），其中古籍书近5万册，契约文书近3万份。

馆藏的歙砚、徽墨、新安书画、徽州文献是馆内的特色藏品，其中宋墓出土的“文府墨”是中国发现最早的徽墨。安徽中国徽州文化博物馆是第二批全国重点古籍保护单位、安徽省青少年维权岗以及省、市两级爱国主义教育基地。

学习活动8：历史探究——徽州名人

你知道哪些徽州名人，请写出他们的姓名、所属领域和主要贡献。并思考徽州大地人才辈出的原因是什么？

姓名	领域	主要贡献

【适合活动中课程·全学段】

小结：神思飘扬

围绕徽州古城，我们的足迹停驻在许国牌坊，徜徉在陶行知纪念馆，步行在车水马龙的古城街道，又进入一家家博物馆：徽菜博物馆、糕点博物馆、徽州竹雕博物馆和徽州文化博物馆……

凝固的历史与灵动的现实相交错，传统与科技相映生辉。历史深邃处一双双智慧的眼睛凝视着我们，精湛的工艺幻化成一件件精品呈现在我面前，清幽久远的文化飘荡在古城的大街小巷。

请以小组为单位以“与徽州名人对话”为主题，进行一次跨越时空的交流，将自己所思所想汇总结成文，并在全班分享。

课程评价：

评价要素	评价标准	评价方式
了解知识	能够说出新安江两岸的几个人文景观和自然景色。了解新安江上的水电站建设和环保情况；熟悉徽州商人的故事	通过前活动课程、活动中课程、后活动课程中的学习活动评价所学
过程方法	学会观察、统计、调研、信息收集等方法，增强对事物的认识与理解	
情感价值观	从徽州商人的故事中，从生态保护和水电站建设的过程中，从古今新安江两岸的变化中，领会徽商精神，明确现代社会的科技、环保理念对社会变革的影响	通过分享会、小组合作、个人反思等方式展开讨论，评估所学

参考课程方案

课程一　徽州古城

徽州古城坐落在国家历史文化名城歙县，是千年徽州府治所在地，徽州古城（前称新安郡）始建于秦朝，现存古城重修于清，分内城、外廓，有东西南北四个门。其中西门城郭上的两座谯楼，至今完好无缺，此外还保留着瓮城、城门、古街、古巷等。

徽州府衙坐落在徽州古城的西北面，隋义宁年间（617～618），越国公汪华即迁于此，徽州府衙建于元末明初。徽州府衙历史上曾多次重建与大修，2009年，按照明弘治年的建筑规制，采用“原工艺、原材料、原规制”的模式在原地址对徽州府衙进行了修复。徽州府衙总占地面积2.4公顷，建筑面积9800平方米。主要包括南谯楼、仪门、公堂、二堂、知府廨组群，整体建筑气势雄伟，规模庞大，体现了徽派建筑的精髓。与周边的古街巷、古民居相依相融，是徽州古城的核心地标，承续着两千多年绵延不绝的文化脉络。

课程二　许国牌坊

四角牌坊

四角牌坊

许国牌坊是全国罕见的典型明代石坊建筑。建造于明万历十二年（1584年）。石坊四面八柱，呈“口”字形，故俗称“八脚牌楼”。南北长11.54米，东西宽6.77米，高11.4米，面积78.13平方米。许国（152～1596），字维桢，歙县人。嘉靖四十四年（1565年）进士，历仕嘉靖、隆庆、万历三朝，万历十二年因云南“平夷”有功，晋太子太保、武英殿大学士。坊上镌有“恩荣”“先学后臣”“上台元老”“大学士”“少保兼太子太保礼部尚书武英殿大学士许国”字样。许国牌楼的八脚、董其昌题额、为生前所造三个特点为全国一绝。

课程三　歙县许村

许村古名富资里，南朝梁时，新安太守任昉辞官归隐于此，后人改其名为任公村。唐末，尚书许儒徙居于此，嗣后经济繁荣，人丁兴旺，以许氏为主，故改名为许村。许村历代名人辈出，宋仁宗钦赐为国捐资的许克复为“大宅世家”。宋王安石撰《古歙许氏宗谱传》序、欧阳修撰许氏系表，朱熹、文天祥等人也作了序、跋。元代徽商许友山，修任公桥，建高阳桥，行善乡里。其孙许伯升兄弟倾资助朱元璋建国，后许伯升任福建汀州知府。恪守“多索一分一厘是祸国殃民，少一冤一枉乃是为官正道”，百姓称之为“青天知府”。许伯升病故后，皇上特恩，为他修建五马坊。大学士许国，末代翰林许承尧均是许氏后裔。许氏家谱记载二十七位进士，十一位举人。许氏不仅有“一状元、二解元、三代北大生、四院士、一门五博士”，许村辉煌的历史也为许村留下了丰富的历史文化遗产，而独具特色的古村落建筑群就是其中的精华。许村至今保存完好的明清建筑近200幢。尤以高阳廊桥、双寿承恩坊、大观亭、五马坊构成的元明建筑群为国内罕见，堪称古建筑之精华。

五马坊

高阳桥

许村富资河

课程四 徽安古道

徽安古道又称箬岭古道，徽（州）安（庆）古道又称箬岭千年古道，始建于隋朝，是当地郡守征调民众开辟的通往沿江、中原的战略要道。山上完好的保存了青石板古驿道，漫步其间，仿佛时光倒转，不知今昔是何年。驿道两旁千年沉淀的人文景观汪公庙（徽州隋唐时的越国公汪华，后被尊称为神灵）与自然山水相交融，相得益彰，古树、清泉、竹海、村落、古桥、茶园等造就了古道的清秀与恬静。随时随处都是绝美的图画，随时都有意外的惊喜。

古道上天险重关

箬岭古道

课程五 徽菜博物馆

点徽菜

中国徽菜博物馆按照传承徽菜文化、展现地域环境与食材、丰富徽食体验的总体思路，设有徽菜文化展陈区、生态食材走廊区、宴席文化展陈区、臭鳜鱼主题馆区、即食体验经营区等五大主题区，通过以徽菜产品为核心的“展示+体验”及线上线下互联网模式，将徽菜文化和徽州文化、旅游结合起来，成为一个展示、弘扬和传播徽菜文化的新平台。

课程六 徽文化博物馆

安徽中国徽州文化博物馆是安徽省第二大综合性博物馆，也是国内唯一全面体现徽州文化主题的博物馆。博物馆的基本陈列为《徽州人与徽州文化》，分为：走进徽州、天下徽商、礼仪徽州、徽州建筑、徽州艺术、徽州科技六个部分；内容有：新安大好山水、徽州与徽州人、明清徽商、徽州女人、东南邹鲁、程朱阙里、徽州宗族、新安医学、科技之星、文房瑰宝、新安画派、徽派版画、徽派篆刻、徽州村落、徽州民居、徽州三雕等。

课程框架
徽州古城研学——综合课程

全学段综合课程模块

主题课程：行悟徽州 领略风采（前活动课程、活动课程、后活动课程）

学科群：语文、科学、道德与法治、美术、音乐

参考主题：

1. 主题课程：行悟徽州 感知书香（前活动课程、活动课程、后活动

课程）

学科群：语文、数学、生物、历史、道德与法治、地理

2. 主题课程：行悟徽州 寻根文化（前活动课程、活动课程、后活动课程）

学科群：语文、数学、历史、道德与法治、地理、化学、生物

课程设计
徽州古城研学——综合课程

主题课程：风采多姿的徽州古城

学习对象：全学段

学习目标：

1. 知识与技能：学生通过网络查找、地方志的研读、实地游览和人物访谈、调查等多种途径，领略徽州古城的美丽风光，掌握其形成的历史脉络。

2. 过程与方法：学生通过访问、考察、参观、操作、体验、徒步徽州古道等方式，体会古徽州人的生活经历，理解徽州“十三四岁，往外一丢”的地域文化形成的特殊原因。

3. 情感态度与价值观：学生通过感悟徽州地域文化的博大精深，了解课堂之外的广阔天地，激发学生热爱大自然，走进大自然，思考大自然。引导学生在遵循自然规律的基础上充分发挥人的聪明才智，追求人与自然的和谐统一。

· 问题框架：

（一）内容问题：

1. 自然（地理和综合实践）

（1）徽州古城的历史有多久远？

（2）徽州古城的建筑布局有什么特点？

（3）徽州古城包含哪些主要的景点，你最想去的是哪里？

2. 人文（语文、历史、道德与法治、哲学）

（1）以徽州古城为核心，形成了哪些地域文化？其中包含了哪些内

容？你对哪些内容了解或感兴趣？

（2）徽菜是中国“八大菜系”之一吗？你能说出几道有名的徽菜吗？

（3）你知道哪些广泛流传在徽州大地的轶事典故吗？这些故事说明了什么？

（4）你能诵读几首与徽州古城相关的诗词吗？这些诗词的作者是谁？

3. 科技（数学、物理）

（1）徽州建筑的基本结构是什么样的？其中所涉及的力学与建筑学原理是什么呢？

（二）驱动问题：徽文化形成的原因是什么？

（三）核心问题：徽商精神的内涵是什么？如何在学习生活中发扬徽商精神？

·学习工具：照相机、学习单、记录纸

·学习活动：分为行前课、行中课和行后课

一、行悟徽州　领略风采——前活动课程

学习活动：

1. 以汤显祖的“一生痴绝处，无梦到徽州”为线索，组织学生开展“梦游徽州”的故事会。指导学生搜集与徽州相关的地理、历史和人文资料，初步了解徽州古城。

2. 列出研学途中你最想了解的3～5个问题，围绕这些问题制作详细的学习清单。

3. 运用一年级《科学》教材中学过的制作指南针的方法，自制指南针。高学段学生则参考《历史与社会》七年级下册的综合探究六，拟订徽州古城的调查提纲。

4. 认真研读徽文化方面的书籍。

二、行悟徽州　领略风采——活动课程

学习活动：

学生可以任选7个模块中的5个完成（模块1、2、6为必选模块），做出相同选择的学生组成同一个学习小组。

模块一：访徽州府衙，看府衙断案。逛徽州古街，拜谒陶行知纪念馆。

完成：高学段参考：

（1）学唱一段徽州民歌或者说几句歙县方言，体会作为一名徽州人的感受。徽州古城是中国三大地方学派之一“徽学”的发祥地，被誉为“东南邹鲁、礼仪之邦”。请完成下表：

内　容	举　　例
程朱理学与礼仪徽州	
徽州宗族与礼仪徽州	
村落建筑与礼仪徽州	
徽商与礼仪徽州	

（2）根据《语文》八年级下册第二单元所学的说明文的写法，写一篇500字左右介绍徽州古城的说明文。

（3）结合此次研学，说一说你赞同陶行知“生活即教育、社会即学校、教学做合一”的教育思想吗？

（4）徽州茶道，讲究“以茶立德，以茶陶情，以茶会友，以茶敬宾”，以小组为单位演示泡茶的九道程序，感受茶道文化。

（5）探寻陶行知“生活即教育、社会即学校、教学做合一”教育思想的形成过程。结合实际，探讨当前教育的利与弊，并以小组为单位提出教育改革的可行性方案。

（6）用所学的化学知识来解释泡茶用水为什么应该以软水或暂时硬水为宜。

低学段参考：

（1）徽州古城景点众多。请你和同学们一起运用指南针，设计一条合理的研学路线，并在规定的时间内顺利到达指定的地点。

（2）徽园素有“徽州文化大观园”之称，集牌坊、古民居、祠堂“徽州三绝”为一体，融砖雕、木雕、石雕“徽州三雕”之精髓于一身。请仿照三年级《语文》课本第七单元的《我们奇妙的世界》和《海底世界》，写一篇300左右介绍徽园的文章。

（3）登上太白楼，诵读李白的《清溪行》，体会李白游徽州时的心境。

（4）假如你是陶行知纪念馆的一位讲解员，你会怎么介绍陶行知先生？

模块二：瞻仰许国牌坊，学习其历史。

（1）假如你是许国牌坊的一名导游，请写一篇该景点的导游词。

（2）瞻仰了许国牌坊，你觉得它的特殊之处在哪里？用1～2句话来表达你的看法。运用《美术》七年级下册所学到的平面设计的相关知识，画一张许国牌坊的平面设计图。

（3）仔细观察后，说出许国牌坊东、南、西、北四个方向内外侧精美的图饰及其寓意。

（4）假如你穿越时空来到明清时代的古徽州，你还能看到什么？收集研学中的所见所闻，运用八年级下册中所学到的历史知识，撰写一篇许国历史人物传记。

（5）许国牌坊由于年代久远，自然风化损坏情况比较严重。请运用所学知识，为许国牌坊制定一套合理可行的修缮养护方案。

（6）品味高中《语文》教材中梁思成的《中国建筑的特征》，并仿照其撰写一篇800字左右的《徽州建筑的特征》。

模块三：观看大型人文纪录片《祖祠徽州行——许村许氏》，品徽州美食——许村长桌宴（五子登科汤、蟾宫折桂丸、三元及第蔬、金榜题名笋、独占鳌头瓜等徽菜），看非遗民俗“大刀舞”和“板凳龙”。赏许村美景，考察高阳廊桥、五马坊、大观亭、薇省坊、观察第、大邦伯祠等许村明清古建筑群，读懂灰墙瓦黛背后的故事，聆听“一门五博士”的传奇，感受四院士的爱国情怀。

（1）观看许村纪录片，请用五个关键词来描述你“心中的许村”。

（2）分享许村美景，并用一句话来描述真实的你“眼中的许村”。

（3）采访许村的百姓，对比古今许村，写一篇300～500字左右的你“梦中的许村”。

（4）搜集李白、王安石、文天祥、朱熹、董其昌等历史名人在许村留下的诗文。

（5）运用高中语文选修课文《中国民俗文化》中所学知识，仿照《故乡的婚礼》一文，写一篇600字左右介绍徽州民俗的文章。

（6）请以小组为单位，运用所学的地理知识考察许村的水系分布和建筑布局，解释其中利弊。

模块四：从许村出发，沿青石板古驿道，找到歙县箬岭健身步道石碑，其间途经茅舍、茶坦、箬岭关，全程约30公里，下到歙县、杭州，领略驿道两旁千年沉淀的人文景观与古树、清泉、竹海、村落、古桥、茶园等自然山水相交融的清秀与恬静。

（1）在古道上且玩且走，亲近大自然，进行一次诗词接龙游戏。

（2）箬岭关的地理位置很特殊，民间形象地说它是“一脚踩四县”。你知道是哪四县吗？

（3）走进农家，感受一天的农家生活。农家生活和城市的生活一样吗？你有什么感受？请发到朋友圈和好朋友分享。

（4）脚踏古道，遥想当年，你追寻到多少古人的足迹？写下来告诉你的父母和朋友。

（5）沿途你都看到了哪些特别的景象？和你家乡的景象一样吗？请试着用你学过的地理、生物或其他知识，说说为什么。

（6）箬岭村地处歙北，适合茶叶的生长。以小组为单位，背上小竹篓走进茶园，当一回采茶女（郎），并拍下美照，记录下这难得的经历。

模块五：参观徽菜博物馆，梳理徽菜发展的历史脉络，领略徽菜独特的风韵，品徽菜的美味，感受徽州人民的练达与智慧。完成：

（1）“一道徽菜一个故事”，举办一场“名人与徽菜”的故事分享会。

（2）选一道你最想吃的徽菜，了解其制作方法，尝试制作并与好朋友分享。

（3）开展一次“点菜我做主”活动。

模块六：参观徽州文化博物馆的“走进徽州、天下徽商、礼仪徽州、徽州建筑、徽州艺术、徽州科技”等六个部分，感受徽州文化，了解中华民俗，共话美好未来。

（1）“边走边填，再品徽州”，完成下面的表格：

组成部分	主要内容	你的印象
走进徽州		
天下徽商		
礼仪徽州		
徽州建筑		
徽州艺术		
徽州科技		
博物馆内现有馆藏文物__________件，其中一级文物__________件，二级文物__________件，三级文物__________件，__________、__________、__________、__________为特色藏品，是安徽省第二大综合性博物馆，也是国内唯一体现徽文化主题的博物馆。		

（2）分小组进行“徽文化知识大比拼”。

（3）徽州文化博物馆的镇馆之宝是“__________”，其珍贵的原因是____。请说说它的来历。

三、行悟徽州　领略风采——后活动课程

低学段学习活动：

1. 运用三年级《数学》教材中所学的复式统计表，自行设计《×××班级研学活动调查表》，帮助老师对此次研学活动做一个全面客观的数据统计表，为以后的研学活动安排提供参考。

2. 用你所拍摄的照片记录下研学活动的所有行程。

3. 选取一个主题，将小组成员分享的材料进行筛选，以“行悟徽州 感知书香”为主题，编撰一份徽州古城研学活动的电子报刊。在学校举办一次“行悟徽州 寻根文化”的研学报刊比赛。

4. 举办一场“行悟徽州 寻根文化”的研讨会，旨在进一步理解徽文化，思考徽文化，挖掘徽文化。同时展出学生们优秀的研学心得体会、研学电子报刊，邀请家长们一起参与、分享，共同见证学生在研学过程中的成长与收获。

第四篇

DISIPIAN

建筑·乡愁

徽州古村落

活动目标

通过参观游览徽州千姿百态的古村落，感受古村落选址、布局所体现的天人合一的生态和谐观。见证民居、祠堂的建筑之美，领悟特色中蕴含的智慧与哲思。鉴赏随处可见的楹联和三雕作品，体悟古代村落聚集民俗生活的丰富与朴素。

研学过程中学生能将所学所见结合，能将古村落中体现的儒家家族、宗族观念与现代社会提倡的家国情怀联系起来，触发其对现代新农村建设的思考。

活动内容

· 天人合一话“风水”

· 粉墙黛瓦说“建筑”

· 尊祖敬宗祭祠堂

· 门楣窗牍品楹联

活动课程

学习活动	天人合一话“风水”	粉墙黛瓦说建筑	尊祖敬宗祭祠堂	门楣窗牍悟楹联
语文探究	游历回顾	雕刻故事		妙对楹联
地理探究		民居与环境		
政治探究	文化理解			
美术探究		意向马头墙		
人文综合			祠堂与家族	巧用古诗
综合实践	论道天井		榫卯介绍	

引 言

传统村落是承接历史文物和历史文化的载体，相对于经典文献和地下挖掘出来的古物史料，传统村落所承载的有关中华民族文化的历史信息更具鲜活性，是中华民族文明发展史的“实证”，是中华文明渊源的“活证”。传统村落比文字、古物更真实，从某种意义上说，毁掉传统村落，就有破坏中华民族历史文化的危险。清末龚自珍说过：“灭人之国，必先去其史。”对于一个国家而言，如果具有民族向心力和民族凝聚力的历史文化消亡了，那么这个国家的人心也必将涣散，最终“国将不国”。世界史上曾出现过的“四大文明古国”，为什么只有中国的历史没有断绝？这是因为中华民族的历史文化自古以来就有着良好的传承性，使得数千年的中华文明得以延续并发展。

传统村落作为乡村社会的生活空间，存储着大量的历史文化信息，传承着千年以来的田园风景、人文内涵和与之共生的乡村传统习俗与生活方式，是中华文明的根。

学习活动1：语文探究——游历回顾

在你的游历记忆中，你去过古村落吗？请将当时参观的照片与大家分享，并介绍一下你所参观的村落的年代和建筑特点。

【适合前活动课程·小学高段】

天人合一话“风水”

徽州古村落是我国保存相对较为完整且丰富的古村落群之一，它凝聚着古代先人适应自然环境、改造并利用自然环境的生态智慧。

徽州古村落的选址和造型讲究“风水”，对于“风水”，我们总认为是封建迷信思想的一部分。中国文化的特质是“天人合一”，强调天、地、人之间共生、共赢、共存的和谐关系，要打造一种人、地、天三者合一的生态系统。这其中最高的价值取向是“和谐”，这种和谐包括天地自然的和谐、人与自然的和谐等。同样，风水文化的追求也是“天人合一”。

根据史料记载，东晋至南宋时期，中原的人移民至此，建立了早期村落；南宋经元至明中叶，徽州古村落处于稳定发展期；明中叶至清中叶，徽州古村落进入鼎盛期；晚清时期，徽州古村落开始趋于衰落。纵观其演化过程可知，徽州古村落是古代社会的产物，它深受儒、道、释等文化的沐浴和洗礼。古村落的生态设计与营造受古代哲学思想中的“阴阳风水”理论以及儒、道、释三家针对“天人合一”观念所生发的生态意识和观念的影响。这样的影响突出表现在徽州古村落的选址和布局上，徽州古村落强调在布局和选址过程中尊重自然规律，维护生态平衡。

如下图所示的徽州古村落呈坎村的选址。该村坐西朝东，地势高，村西紧靠葛山、鲤王

学习活动2：政治探究——文化理解

通过呈坎村的游览，你对古人“风水理论”“天人合一”的思想有所了解了吗？你认为与社会主义核心价值观里面的哪些理论有内在的承继关系？

【适合活动中课程·初中、高中学段】

山，村北有龙山、长春山，村南有龙盘山、下结山，村东紧靠自北向南的众川河，河之东是数千亩的田园。

徽州古村落

依托负阴抱阳的风水理念，呈坎村背山依水，山环村落内外互通循环的机制，构建了该村局部小气候环境和优美的自然生态环境。由此看来，古村落选址不仅极度符合“枕山、环水、面屏”的生态格局和阴阳交合、康泰美满的愿景，还投射出“阴阳相合”“顺天造物”的生态智慧，极富东方哲理和人文情愫。

徽派民居中天井、庭园和飞翘起的檐角是风水师追求“天人合一”境界的途径。“风水”学说中对天井的规定是：横阔一丈，则直长四五尺乃宜也，深至五六寸而又洁净乃宜也。这就决定了天井不能太阔，因为“太阔散气”。

徽州宅居中的天井，是严格按照“风水”的要求建的，因此显得狭小。天井狭小，风沙、尘埃等对厅院的干扰也少，南屋厅堂临天井一面门扇可以经常大开，或根本就不设门，几

学习活动3：综合探究

徽州民居中的天井，是世界建筑中独一无二的设计，具有多重功能。你能从物理、生态和文化的角度列举天井的作用吗？

【适合活动中课程 · 全学段】

宅居中的天井

乎与天井是统一体。人们坐在厅堂内能够晨沐朝霞，夜观星斗，人与天融为一体。中国文化中的“天”，也是人文的“天”。徽州宅居天井四周的水笕上有“天吉”二字，以示“天吉人祥”之意。前厅天井上是“天赐纯嘏”四字，即“天赐大福”。后厅和偏厅的天井上还有“天受百禄”字样，意思是宅主家世世代代有人在朝为官，享受官禄乃上天所授的，这与“君权神授”含义大致相同。

宋代理学家朱熹赞誉呈坎曰：“呈坎双贤里，江南第一村。”整个村落是按照《易经》中“阴阳二气统一，天人合一”的八卦风水基本理论进行选址布局的。整个呈坎藏风纳气，纳四水于村中，聚水聚财，阴阳调和，依山傍水，三街九巷，宛如迷宫。自古以来呈坎就是一个容易进不容易出的神秘、神圣、神奇和灵秀之地。民间俗语诠释走进呈坎道：“十有九迷路，留在呈坎富。”

粉墙黛瓦说“建筑”

布局之美：徽派建筑在布局上受我国传统美学的影响，整体布局符合中轴对称的基本特征。徽派建筑房屋排列有序，在空间格局上一般为门口—天井—大厅—后天井—二进大厅，大厅两侧连接厢房。一般大厅比较敞亮，厢房面积相对较小，各屋之间由穿插的回廊相连，形成了一个统一、庄严的建筑群体。徽派建筑布局主要有四种：第一种是三合院，建筑平面布局呈“凹”字形；第二种是四合院，建筑平面布局呈“回”字形；第三种是两个三合院相背而建，组成一个平面布局呈“H”形的建筑；第四种是两个四合院相背而建，组成一个俯瞰为“日”字形的建筑。富人家会形成更大的建筑群，宏伟的建筑群逐级升高，取“步步高升”的吉祥寓意。

学习活动4：地理探究——民居与环境

你还知道世界各地的哪些民居？请分享照片，并从地理的角度简要说一说这些民居的建筑风格与当地地理、气候、风俗、宗教的关系。

【适合活动中课程 · 全学段】

徽派建筑模型

“三雕”之美：徽派建筑装饰艺术中最值得研究学习的是“三雕”技艺，即砖雕、木雕、石雕，表达了徽派建筑文雅质朴的独特艺术

砖雕

魅力，是我国国家级非物质文化遗产。

砖雕是将装饰图案雕刻在建筑用的水磨青灰上。水磨青灰材质较软，适合精雕细琢。砖雕的雕刻手法主要有立体雕刻、浮雕和平雕三种。在大户人家中，砖雕常以拼砖的形式被镶在墙面上，以构成整幅繁复的画面。砖雕的题材丰富，动物花卉、人物故事、山水景色等应有尽有，有着强烈的民间艺术色彩。

徽州地处江南，房屋多采用木料搭建。门窗、屏风、桌椅、床榻等处处可见精美的木雕工艺。木雕是通过对不同质地的木材进行分析来选择不同的雕刻方法的，坚硬的木材用于精细雕刻，疏软的木材多被雕刻成简约的图形，不同质地的木材能巧妙地融合到一个完整的木雕作品中。木雕在组合上具有很大的灵活性，因此构图也十分丰富，人物、花、鸟造型栩栩如生。木雕的题材有花鸟、鱼虫、山水自然，也有徽州人对美好生活的憧憬，崇王之道、中庸思想在徽州木雕中也有所体现。

石雕在徽派建筑中多用于建筑外观、牌楼建造中，常见的石雕材质为花岗岩、大理石、青石等。石雕构图在正室建筑上采用中轴对称

学习活动5：语文探究——雕刻故事

寻找一处砖雕，仔细体会雕刻的技艺，分享雕刻中的故事，思考故事中承载的美好寓意。说一说民间雕刻中主要使用的动物、花草元素都有什么寓意，原因是什么。

【适合活动中课程·全学段】

石雕

形式，表现了庄严秩序。在偏房多采用均衡构图，以增加建筑的动感和变化性，这大大提高了对工匠的技能要求。石雕的材质相对于青砖和木材更加坚硬，因此雕刻风格也更加粗犷。石材质地坚硬，耐风化，经过长时间风吹日晒也不会有太大的损坏，因此徽州人多用石雕来表现徽州人的坚贞、果敢。动植物题材在石雕中也十分常见，冰冷的石头在工匠手中变成灵巧的动物、柔软的植物，在艺术形式上真正做到了坚硬与柔软的结合，但整体艺术风格还是比较粗犷。

色彩之美：徽州建筑色彩在整体上清新雅致，以“粉墙黛瓦”著称。徽派建筑的色彩组成与建筑原料的种类息息相关。用石头来建造房屋，就形成了集白墙、黑瓦、木色为一体的徽派建筑。原生态色彩的徽派建筑在选材时对材料的质地、花纹、肌理要求非常讲究，加工时要去粗取精，尽量保持材料的原貌。例如，在木材加工时，只要简单加工后在木材表面涂上清漆延长其使用时间即可，无须做其他任何处理，要保留其原始的肌理和色彩，真正做到

白墙黑瓦马头墙

“师法自然”，为徽派建筑中增加天然之美。徽派建筑在色彩上也十分注重对比和协调搭配，除黑白颜色的对比外，徽派建筑还用红色对联、暖色木雕等对建筑色彩进行调和。

古代封建社会对建筑色彩的使用有着严格的等级制度，普通人家可以使用的建筑装饰色彩十分有限，且徽州商人多为儒商，所以他们更加注重淡雅。

徽派建筑有许多典型构成元素，最有特色的当属“马头墙”。马头墙也叫“屏风墙”，一有防盗功能，二有防火功能，三有挡风、挡雨、保暖、御寒的围护功能，是一个不可或缺的建筑要素。

马头墙平面感很强，外墙几乎不开窗，粉墙连片成块，易形成点线面的几何造型，因此增加了建筑的体量感和完整性。其次，墙头的青瓦就像给这个围合的白色空间镶上一道边框，这道边框同墙的平面相比，形成线的运动，自由而有节制，活泼而不轻佻，节奏明快，韵律感强。在蓝天白云、青山绿树的衬托之下，显得特别有画境之美。

学习活动6：美术探究——意向马头墙

请同学们任选一处马头墙进行几何图形绘制，看看你们画的马头墙外观造型是否一样。注意对基本图形的准确绘制。

【适合活动中课程·全学段】

尊祖敬宗祭祠堂

祠堂被称为“徽州三绝”之一。肃穆而磅礴的徽州祠堂，是山区古村落中最为显眼、气派的大型建筑。它集徽派建筑的特点与宗法精神于一身，带有浓郁的地域色彩，具有极强的文化个性和鲜明的艺术表征，是徽州祠堂文化的缩影，家族血统维系的化身。

徽州的强宗大族，历来都是聚族而居的，尊祖敬宗、崇尚孝道是徽州人的重要理念和宗旨。

祠堂是封建宗法制度的载体，是族权自治的象征。祠堂初由民间的祖庙和宫廷的太庙祭祀建筑发展而来，分为宗祠、家祠、支祠。

祠堂是一个家族的中心，通过开祠致祭和其他家族追远活动，能将族人紧紧地团结在神圣的祖宗牌位之下，形成一个严密的血缘组织。

徽商致富后，“盛馆舍以广招宾客，扩祠宇以敬宗睦族，立牌坊以传世显荣”，捐资建祠一掷千金，其目的在于光宗耀祖。这在一定的区域内营造了一种文化信念，一种宗族归属感。

徽州祠堂

族谱是祠堂文化的重要组成部分。按照朱夫子的理论，若三世不修宗谱即为不孝。古代徽州人通过修宗谱维系尊卑等级，彰善除恶，推行封建伦理，缓和宗族内部贫富矛盾。徽州人正是以宗祠族谱为载体，通过各种简朴的民俗活动来宣传宗法理念。如建“保安会”，倡导“忠君报国”；演目连戏，宣传“因果报应、惩恶扬善”；春节认亲拜年，加强血缘姻亲情感联系；清明节认祖归宗，巩固同宗共祖子孙的归根意识。

在封建政权难以顾及的徽州偏僻乡村，“祠堂”实际上被赋予了许多社会管理功能，如祭祀祖先，隆礼报本，商议处理本族大事，管理宗族财产，建立道德教化体系。在偏远山区，宗族自治成为社会运转和稳定的重要因素。村民心甘情愿地把一切事务交给祠堂安排，实际上祠堂充当着“土衙门”的角色，这就构成了徽州人基本的生存环境。徽州人在宗族自治中，建立了自己独特的物化形式——祠堂管理模式。

祠堂是徽州人文思想的高度物化，是徽派建筑艺术的典范。“祠堂高耸入云烟，松柏苍苍不记年。”祠堂作为一村一族最重要、最注目的大型建筑，符合当时徽州人的社会心理需要。

歙县有一个著名的景点叫棠樾牌坊群，7座牌坊坐落在棠樾村村口，全长300多米，非常壮观。从镌刻在牌坊上的“功德录”我们不难知道，这个村住的基本上都是鲍姓人家。棠樾鲍氏有很强的宗族意识，后来建造的这些牌坊便是一段段宗族血缘感情的历史见证。除牌坊以外，棠

学习活动7：人文探究——祠堂与家族

家族、宗族的观念一直在中国人心中占有重要地位。有人认为在新农村建设中，祠堂是封建文化的代表，应该予以拆除，你怎么看待这一观点？

【适合活动中课程·初中、高中学段】

棠樾牌坊群

樾的鲍姓人家还陆续在村子里建造起了自己的祠堂，他们在祠堂里祭祀祖先，开展宣讲族训、修谱会等各项宗族活动。古徽州有些族姓对这种宗族事业非常热衷，他们修宗谱，建祠堂，为后人留下了很多文化遗产。如黟县的西递村，据记载，明经胡氏建造的祠堂多达26座，有宗祠本始堂，总支祠敬爱堂、常春堂，还有分支祠和家祠。这一座座祠堂，是西递村落中最为显眼的风景，也显示了西递明经胡氏宗族蓬勃健康的活力。

门楣窗牍品楹联

以西递宏村楹联为代表的徽州楹联，是徽州文化的亮点，也是中华楹联的精华。在徽州，常将“对联”称作“楹联”。“楹”者，柱也。把一副联语，分别题写在相对而立的两根柱子上，故称之为“楹联”。

徽州的楹联文化已经渗透到社会生活的方方

学习活动8：综合探究

中国许多的工艺技术都遥遥领先于世界水平，榫卯结构就是这些工艺技巧中最为亮丽的一点。榫卯结构是在两个木制结上以凹凸形式结合的一种连接方式，凸出与凹进的部分相互咬合，起到连接稳固的作用。徽州的许多建筑，尤其是大型祠堂建筑中，大量运用了榫卯结构。

请从物理、人文智慧角度为中国人的独创——榫卯结构写一段介绍词，并与全班分享。

【适合活动中课程·全学段】

宏村社屋大门上的石雕楹联

秀里影视城的砖雕楹联

面面，与人们日常生活结合之紧密，是其他地方很难比拟的。无论是红白喜事、乔迁、科举、生育，都可以拟楹联纪念或祝贺，甚至于打情骂俏、讲俏皮话等，都可以以楹联为之。

徽州楹联艺术与联文创作、书法艺术以及制作工艺集合在一起，既是多种艺术的叠加，又是多种艺术的融合。制作材料与形式之丰富，也是徽州楹联一大特色。徽州楹联匾额虽多为木刻，但纸绢装裱、泥漆雕塑、竹嵌瓷镶以及石雕的楹联精品也不乏所见。特别是民居联，不仅包括主人的生活态度、人生感悟、景观描述、情感抒发、治家诫示和处事告白，而且联文也是书法中真、草、隶、篆、行的荟萃，不少还是出自古今名人大家之手。

楹联蕴含故事之丰富，也是徽州楹联一大特色。西递民居有幅名对联："快乐每从辛苦得，便宜多自吃亏来。"这幅联中"辛"字多了一横，而"亏"字又多了一点，寓意"多一分辛苦，多一分收获"，"多吃一点小亏，可赚大便宜"。原来，这是一位成功商人通过这幅

学习活动9：语文探究——联榻

"世事让三分天宽地阔"为西递村一副著名楹联的上联，请选出下联：

A.第一等好事只是读书；

B.千葩盈四座花里神仙；

C.心田存一点子种孙耕；

D.世间二件事读书耕田；

【适合活动中课程·全学段】

楹联

“错”字楹联向后辈表达他对经营和处世的人生体味：多付出一份辛苦，便多收获一份快乐；多吃一点亏，便可能获得更大的便宜。房屋主人的人生哲学通过这副对联中的错字，表达得淋漓尽致。

徽州楹联教育审美意义非常突出。无论是名胜联还是祠堂与民居联，最常见的是将儒家思想和处世哲理通过联文表述出来，以此强调自我修养，劝人克己恭俭，处世谦卑，行善积德，乐施助人；或是追本溯源，尊祖敬宗，颂扬祖德以强化宗族意识，增强认同感和凝聚力；或是抒发

徽州楹联

学习活动10：语文探究——巧用古诗

某餐馆为了提倡文明饮食，在餐馆门口贴了一副对联。请运用你学过的《悯农》中的有关诗句，将下列对联补充完整。

上联：（　　　　　　　　），弃之可惜。

下联：杯中酒口口都香甜，量力而行。

【适合活动中课程·全学段】

兴致和情怀，为山水增色，以更好地享受大自然的美好，同时陶冶人们的情操。这些楹联匾额与门楣题额、堂匾、字画，以及无所不在的石雕、砖雕、木雕等艺术组合成了徽派民居特有的艺术文化氛围，将一代又一代的徽州人熏陶成“儒商”与“朝奉郎”。

总而言之，徽州楹联体现了中华民族的传统美德，蕴含着中华文化的哲理和思想精华，反映了徽州人的“徽商”生活，给人以美的艺术享受。

小结：留住根脉

走过一村又一村，这些古村落是如此相像，又是如此不同。古村落不仅是老宅、老戏台、老院子，还有其所保留的乡音、方言、农家菜，说书、唱戏、赶庙会，祈福、祭祖、传家风，拜师、学艺、敬乡贤的一切记忆与传承，这些都是古村落的灵魂、血液和根脉。中国的现代城市正是从一个个古村落发展、脱胎而来。

请你以小组为单位，以“留住古村落里的根脉”为主题，为古村落的保护和发展提出切实可行的建议。

活动评价：

评价要素	评价标准	评价方式
了解知识	知道 2~3 处徽州古村落的名称；了解徽州的三绝，能简要描述三绝的精妙之处	通过前课程、活动中课程、后活动课程中的学习活动评价所学知识
过程方法	从所见所闻中提取相关元素，简要阐述徽州古村落的生活中蕴含的古代伦理道德；体会到儒家学说在古代中国的作用	
情感价值观	联系现代生活，感受到古村落的发展变化，从中体会中国人的宗族观念、家庭观念和国家意识。用审视的眼光看待和理解新农村的建设，并能发表合理见解	通过分享会、小组合作、个人反思等方式展开讨论，评价所学知识

参考课程方案

一、课程背景

在神秘的北纬30°附近的大山当中，一些古村落星罗棋布，引起了历史学家和广大游客的兴趣。

这些隐蔽在大山中的传统村落，多聚族而居，过着平凡的生活，但他们祖先大都是富商巨贾，或是高官，甚至是皇家后裔……

这些传统村落不但有村口，而且有修建环境优美、建筑独特的“水口”……

这些传统村落，整体形状或像舟船，或如耕牛，或同宝带，或似畚箕，村中的大街、小巷、山溪布局如迷宫。

在这些传统村落中，陆续发现了二十万件以上从宋代到民国的文书，被誉为继“殷墟甲骨、秦汉简牍、敦煌遗书和明清档册”四大发现之后的“中国历史文化第五大发现”。

让我们一起走进中国传统村落，去探寻这一个个历史文化之谜。

二、课程目标

小学：①通过参观游览国家级历史文化名城，获得有积极意义的价值体验，培养对祖国历史文化的朴素感情。②在导师的引导下，能针对徽州文化各种独特且有意义的现象，提出自己感兴趣的研究小课题，体验课题研究的过程与方法，提出自己的想法，形成对问题的初步解释。③通过对徽墨等动手操作实践，初步掌握手工设计与制作的基本技能，并能将其服务于学习和生活。

初中：①积极参加徽州古城的体验之旅，亲自感受徽派建筑及徽州文化的特色，分享思考及感受体验。②关注徽州古城中的商业文化、建筑文化、科举知识等，能通过思考提出有价值的问题，学会运用科学的方法开展研究。③能运用一定的操作技能解决生活中的问题，将一定的想法或创意付诸实践，通过设计、制作或装配等，能制作并不断改进较为复杂的制品或用品，发展实践创新意识和审美意识，提高创意实现能力。

高中：①自觉参加研学旅行，通过对徽州经济社会发展的考察，初步了解徽州文化产生的背景及其与社会进步、国家发展的关系。②关注徽州文化中的各类现象，学习借鉴徽商行善的意义及价值，形成主动服务他人、服务社会的情怀，提高社会服务能力。③对个人感兴趣的徽州文化领域开展广泛的实践探索，提出具有一定新意和深度的问题，综合运用知识分析问题，用科学方法开展研究，增强解决实际问题的能力，形成比较规范的研究报告或其他形式的研究成果。

三、课程引航

中国传统村落的文化要素有如下几种。

物质文化要素：以特色建筑为中心，包括植被、古树、名木、小巷、水巷、青石板、白粉墙、河埠头、街楼、庭院、圈门、水阁、河房、舟船、平桥、拱桥、桥廊、桥亭等。

社会文化要素：以特色社会要素为中心，包括戏台、庙观、美食、手工艺、祠堂、祖坟、匾额、石刻、茶室、小吃、邻里、社交场所、酒肆茶坊等。

人文文化要素：以特色人文要素为中心，包括诗词、绘画、戏曲、民歌、野趣、掌故传说、名人、文化记忆、楹联等。

历史文化要素：氏族郡望、衍派、祖地、谱牒、排行、乡贤名人等。

徽州传统村落特色：村子形态、村名地名、街巷道路水系布局、环境风水等的文化意义。

课程一 以黟县西递村为代表的宗族楹联文化

（一）课程介绍

徽州古村落的特色：聚族而居。聚族而居的历史意义：徽州古村聚落最初是由南宋以前的中原世族南迁、聚族而居形成的。后随人口增长，至明中叶耕读文化盛行，至清中叶科举入仕和徽商兴起，徽州社会经济文化勃兴鼎盛，古村落遍及乡野。一般而言，乡村聚落的环境容量是与当时的农业规模及生产力水平密切相关的。古徽州人均耕地在南宋时为15亩，元代降至4亩，明万历年间为2.2亩，清康熙年间为1.5亩，但同期的古村落发展却从稳定发展走向了鼎盛发展，其主要原因是商业的成功。

氏族文化的繁荣：西递始祖为唐昭宗李晔之子，因遭变乱，逃匿民间，改为胡姓，繁衍生息，形成聚居村落。到明清年间，一部分读书人弃儒从贾，他们经商成功，大兴土木，建房、修祠、铺路、架桥，将故乡建设得非常舒适、气派、堂皇。历经数百年的社会动荡、风雨侵袭，虽半数以上的古民居、祠堂、书院、牌坊已毁，但仍保留下数百幢古民居，从整体上保留下了明清村落的基本面貌和特征。

基于振兴祖业、激励后生的强烈愿望，西递明经胡氏特别重视文化复兴及对子孙的教育。而悬挂于每家每户的牌匾楹联，就构成了西递浓郁的教育和文化氛围，成为如今当地的一道靓丽风景线。

西递楹联的价值意义：因为徽商的繁荣，也因为祖上对事业的向往，所以西递村村民对子女教育要求很高，这就使西递村形成的楹联很多，价值很高，形式载体多样、技艺精巧不得不让人们惊叹，不得不被其所折服。西递村楹联存量之多、品味之高、教化之深、书法之美、刻技之精，是其他古村落难以相比的，其价值体现为：西递古楹联体现了中华传统美德，蕴含着哲理思想精华，反映了西递人乃至徽州人的“徽商”生活，给人以美的艺术享受。

（二）课程目标

走入徽州古村落，领略徽州楹联匾额的思想性、艺术性及书法美；聆听明经胡氏的来历等历史故事，初步了解中华氏族文化及徽州在中华历史发展中的地位及贡献，即徽州古村落的价值和意义。

（三）课程内容

倾听导游讲关于西递胡氏的历史；欣赏西递村每家每户悬挂的楹联牌匾。

（四）知识链接

徽州楹联文化的特色。

以西递宏村楹联为代表的徽州楹联，是徽州文化的亮点，也是中华楹联的精华。除了具备楹联的特色要求之外，其还具有如下特色。

首先，徽州楹联文化已经渗透到社会生活的方方面面，与人们日常生活结合之紧密，是其他地方很难比拟的。无论是红白喜事、乔迁、科举、生育等，都可以拟楹联纪念或祝贺，甚至打情骂俏、讲俏皮话等，都可以以楹联为之。

其次，将联文创作、书法艺术以及制作工艺集合在一起，既是多种文艺的叠加，又是艺术的融合。制作材料与形式之丰富，也是一大特色。在徽州，常把“对联”称作“楹联”。“楹”者，柱也。把一副联语，分别题写在相对而立的两根柱子上，故而称之为“楹联”。徽州楹联匾额虽多为木刻，但纸绢装裱、泥漆雕塑、竹嵌瓷镶，以及石雕、砖雕的楹联精品也不乏所见。特别是民居联，不仅表达了主人的生活态度、人生感悟、景观描述、情感抒发、治家诫示和处事告白，而且联文的文字字体也是变化万千，是书法真、草、隶、篆、行的荟萃，不少还是出自古今名人大家之手。

课程二　以歙县瞻淇村为代表的村名文化

（一）瞻淇村村名的意义

古村瞻淇，地处名城歙县的东部，距县城20公里左右。《诗经》云：“瞻彼淇奥，绿竹猗猗。”据说汪氏先人就是据此为自己的村庄取了这么一个充满诗情画意的村名。其实早先这里叫“章祁”或“章岐”，改名应为明代以后之事。早在宋代，这里就有章姓家族定居，故得名“章祁”。该村还有另一个名字“孝女里”，是因为唐代村中曾出了有名的“孝女”而得名。当地俗称：先有孝女，后有瞻淇。民国版《歙县志》有记：唐代章氏二女与母上山采桑，母为虎攫，二女呼号奋勇搏虎，母因而得救。刺史奏报朝廷，得赐其村为“孝女村”。现今瞻淇村东，仍有一个与之相毗邻的小村沿用着“孝女村”这个名字，尚存的“孝女庙”，其庙名还是宋朝名宦范仲淹所题。

“章祁”村村名的改变，与汪姓家族在这里定居、繁衍、逐渐兴旺并成为村中大族有关。瞻淇汪氏宗谱及各支谱均载：始祖汪浚，字仲深，号岐山。生有四子，即汪楫、汪楠、汪梓与汪杞。长子汪楫，学行端粹，为宋嘉熙姚勉榜进士，授丞务郎。而后子孙繁衍，至明代，在汪氏宗祠“继述祠”的属下已有八个支祠，赫然成为村中人丁兴旺的大族了。此时，“章祁”这个村名，已不能反映汪氏作为村中望族的事实，所以便改“章祁”为“章岐”。一字之易，不但使村名与当时汪氏家族的地位相互匹配，而且还表达了汪氏后人对始祖浚公的纪念。明清时期村中的文会及民国初期建立的小学，都以岐山为名，有纪念本支始祖之意。在“孝女村”，现仍有“章祁祖社”的遗迹，那就是古时章姓村民祭神的场所。更改后的村名虽然与原名在读音上没有任何区别，但站在汪、章二姓本族的立场上看，有了明显不同的内涵。

徽州的古村落虽多聚族而居，但不少村落并不用其姓氏来命名村子。这不但体现了徽州文化的博大精深，而且体现了对村落繁荣、子孙兴旺、诸姓和睦相处的朴素愿望。

（二）“宏村”村村名的来历及演变

根据明嘉靖三十年（1551年）戴廷明、程尚宽编撰的《新安名族志》记载，该村始建于唐，名叫“韩村”。按照徽州先民聚族而居的习俗可知，村里大多是“韩姓”村民，同时散居着戴、谢、叶、李、黄、董等姓氏。

北宋治平二年（1065年）海阳县（休宁）潜皋村有雷氏叔侄来到这里，建清道观，香火旺盛，于是将此山称为雷皋，也就是现在的雷岗山。

绍兴年间，宏村东面的奇墅村，因为大火，三百余家民居被焚。汪氏66世祖彦济公率族迁来雷岗山下居住，即“十三家楼”。

随着汪氏渐渐繁衍成望族，为免寄人篱下的迫境，又因黟县土话“韩”与“弘”同音，遂改称“韩村”为“弘村”，意为弘广发达之意。字已易而音不改。汪氏旅外来信都写弘村，汪氏又势旺人众，久而久之，韩氏宗族也跟着这样叫了。

乾隆年间，因乾隆皇帝名为弘历，汪氏为避皇讳，又将“弘村”改为“宏村”。

从韩村到弘村，又从弘村到宏村，该村历史上的几次改名，都能充分看出祖先的睿智聪明，这其中的奥秘玄机是多么的变化无穷。

课程三　以徽州区呈坎村为代表的风水文化

（一）呈坎风水

呈坎，古名龙溪，元进士张旭在《罗氏族谱》中曰：“择地得西北四十里，地名龙溪，改名呈坎。”“盖地仰露曰呈，洼下曰坎。”据考察，呈坎原是大片芦苇滩。从地理走势看，呈坎东面临灵金山，南接丰山，西南倚龙盘山、马鞍山，西邻鲤王山、龙山，北有长春山。龙盘山自西北向南延伸，山势犹如江河奔腾，直泻龙盘，过龙盘则一马平川。整个构势呈“前朱雀，后玄武”显像。山重则水复，穿街走巷的众川河是呈坎的主要河流，全长约19公里，流域面积约45平方公里，属新安江三级支流，从龙山与长春山峡谷间直奔呈坎盆地，往南汇入丰乐河后东折直奔新安江支流练江。除众川河外，呈坎一带溪涧纵横：村北有西边坑（又名柿坑）、环里坑，东面有东边坑，东南有东山坑、石步坑，西边有窑坑、棚坑，还有一些无名小溪。俯瞰呈坎，众川河与众多溪涧如群龙汇聚，故呈坎有“九龙戏珠”之称。呈坎古名“龙溪”，又名“川”，即由此而来。

宋代理学家朱熹赞誉呈坎曰：“呈坎双贤里，江南第一村。”整个村落是按照《易经》中的“阴（坎卦）阳（呈卦）二气统一，天人合一”的八卦风水基本理论进行选址布局的。整个呈坎呈现出“藏风纳气、纳四水于村中、聚水聚财、阴阳调和、依山傍水”的显像，三街九九巷，宛如迷宫。自古以来呈坎就是一个易进不易出的神秘、神圣、神奇的灵秀之地。民间俗语诠释走进呈坎道："十有九迷路，留在呈坎富。"千百年来，呈坎已成为中国探索发现生命玄奥、感悟先哲圣言、预测人生未来的神秘地带，被誉为"中国风水第一村"，是世界上保存最古老、最神秘的八卦村。

（二）屏山风水

屏山，山灵水秀，因村庄北面有山，形状似屏风而得名，更因为其堪舆文化而散发着无穷魅力。屏山因古建制为黟县九都，村中多是舒姓聚族而居，故又名九都舒村，至今已经有一千一百多年的历史。"小桥流水古村，人杰地灵屏山。"屏山山环水绕，地域开阔，坐落在谷地中，北有屏风山做靠山，南面有石山做照山，东有吉阳山、三姑峰，与西边的双凤山合为左右抱山，发源于吉阳山的吉阳水，由北向南川流不息，正符合风水的讲究：枕山面水，前要照，后要靠，两边还有小山抱，是一块风水宝地。

屏风山阳之水与吉阳山阴之水汇合，蜿蜒贯村而过。村头水口的长宁湖"积水聚财"，与红庙、华佗井等古迹"阴阳调和"，平静长宁，中国古代的风水学说在这里有典型体现。

（三）徽派民居风水

中国文化的特质是"天人合一"，同样，风水文化的追求也是"天人合一"。徽派民居中天井、庭园和飞翘起的檐角是风水师追求"天人合一"境界的途径。风水对天井的规定：横阔一丈，则直长四五尺乃宜也，深至五六寸而又洁净乃宜也。这就决定了天井不能太阔，因为"太阔散气"。徽州宅居中的天井，是严格按照"风水"的要求兴建的，因此显得狭小。中国文化中的"天"，同时是人文的"天"。徽州宅居天井四周有"天吉"二字，以示"天吉人祥"之意。前厅天井是"天锡纯嘏"四字，《诗经》："天锡公纯嘏，眉寿保鲁。"郑玄注："吨，大也；受福日嘏。""天锡纯嘏"即"天赐大福"。后厅和偏厅天井上还有"天受百禄"字样，意思是宅主家世世代代有人在朝为官，享受官禄乃上天所授，这与"君权神授"的含义相同。

（四）知识链接

"黟县蛤蟆歙县狗，祁门猴狲翻跟斗，休宁蛇，婺源龙，一犁到磅绩溪牛。"凡徽州人大多知道这句俗语，并以此互相戏谑和调侃，但许多人并不知道其中的内涵。徽州历史上属于百越之地。百越杂处，各有种姓，互不统属，每个族群都有自己的图腾。随着时间的流逝，自秦始皇至唐太宗年代，黟、歙、休宁、婺源、祁门、绩溪先后独立成县，这种族群或部落的图腾遂逐渐演化为县的图腾，成为这一族群隶县的属号。

徽州各县图腾构成的原因，大致分两种情况：

一是图腾对象与自然形态极为相似。一种说法是，徽州人信风水，属号多以县治地形、山形或县域形状而得名。休宁县治地形如长蛇，歙县县治附近有山如犬，黟县县治附近有山如蛤蟆，绩溪县治形状如牛，祁门县治形态如猴，婺源县治形状如龙，故以蛇、狗、蛤蟆、牛、猴、龙喻称之。但是，具体是哪座山形似这些图腾，恐没人说得清楚。

二是动物的拟人化，把图腾对象赋予了人的精神和部分特征。

黟县的图腾是蛤蟆，也叫蟾蜍。蟾蜍冬眠时间长，古代人对蟾蜍这种“死而复生”的神力十分崇拜，故将其视为吉祥之物。此外，蟾蜍和蛙类一样，有着极强的繁殖能力，以蟾蜍做腾，也体现了古代人多子多福的愿望。“蟾宫折桂”等民间传说中把蟾宫指作月宫，比喻应考得中，蟾蜍又成了求仕途好运人们的吉祥之物。就性格而言，蟾蜍性静，不喜活动，恋家，以此喻黟县人长于守土守业。历史上，黟县人外出经商的时间较歙县等迟一些。康熙《黟县志》载：“旧志云：山限壤隔，民尚朴实，读书力田，不事商贾，勤于山伐。”蛤蟆和黟县人的性格有些相似，恋土守家，性格随和，本分敬业，勤俭朴实。

歙县的图腾是狗。狗是人类的朋友，歙县有句俗语：“歙县狗，打死不离锅囱口。”尽管歙县人闯荡天下，流寓四方，但他们终究还是把外边当作过路的驿站，“根”必须留在故乡，牌坊、祠堂、宅院必须建在原籍的土地上。狗，精忠尽义，护家守主，不喜独处，灵敏聪慧，故用狗来喻歙县人意志坚定、忠实可靠、聪明敏捷、合群团结。

祁门的图腾是猴狲。用猴狲作为祁门的图腾，不仅因有“人是由猴子转化而来”的传说，而且祁门地处深山区，猴子是常见的动物，它机智灵活，又因“猴”与“侯”同音，暗喻“封相拜侯”，也喻祁门人勇于进取、善于应变、多才多艺、机智灵敏的性格。

休宁的图腾是蛇。休宁原名休阳，东汉时建县，山越文化历史悠久。中华民族公认的图腾“龙”与蛇有着一定的渊源，很多人认为中国“龙图腾”是“蛇图腾”的发展和演化。上古时期，蛇被认为是人类的始祖而倍受尊崇。《山海经·海内经》还认为五帝之首的黄帝轩辕氏是象征云气的“四蛇相绕”图腾。蛇的进一步神秘化便升华为龙，发展变化了的蛇图腾就是龙的形象。蛇四处游走，而休宁人外出经商较多。用蛇图腾喻休宁人心灵手巧，思路敏捷，经营四方，精明能干。

婺源县的图腾是龙。婺源是唐玄宗开元二十八年（740年）从休宁析出的，比休宁建县迟了500多年。用龙来喻婺源，不仅体现了婺源从休宁析出是从“蛇图腾”向“龙图腾”转化的历史变迁，而且用龙喻婺源圣人潜渊，名人辈出，开拓进取，勇往直前。

绩溪的图腾是牛。古人认为，埋头耕田犁地的牛，是盗取天仓谷种下凡拯救黎民百姓的社稷神。而天帝为了惩罚牛，让牛世代受劳作之苦，为人类所驱役。牛是人类最早驯养、最勤劳的一种家畜，是农耕社会最主要的劳动力。人们对牛的崇拜，更多体现在精神上。人们视牛为勤劳奉献的象征，吃的是草，挤出来的奶和血。绩溪用牛做图腾，喻绩溪人有吃苦耐劳、踏实肯干、毅力坚韧、奋力拼搏的精神。

徽州的图腾崇拜，有一个从古代社会的动物图腾崇拜到现代的精神崇拜的延续过程。随着人类的进步和发展，这种动物崇拜逐渐失去了原有的宗教或神灵崇拜的含义，留下了积极的精神含义。如果从精神范畴来说，用“骆驼”作为整个徽州人的图腾是最合适的了。据考证，最早提出“徽骆驼”的是明末抗清将领金声，被俘时遗命部下“要做徽骆驼，不降异族”，“徽骆驼”称呼随之传播开来。徽州的一些明清建筑中就有骆驼的图案。

课程四　以黟县南屏村为代表的村落结构文化

（一）迷宫南屏

南屏曾名叶村，因村西南背倚南屏山而得名。这里有着浓郁的新安传统文化氛围。仅在清代，村里就有14人出任过知县以上的官职，有记载的书画艺术家达27人。由于大户人家的相互攀比，在清代南屏就有了36口井，72条巷，300多栋民居，现在保存较好的有142栋。全村的72条弄巷，长的有一百多米，短的也有二三十米。这里的小巷交叉衔接，条条相通，号称“江南迷宫”。

南屏村地处黟城西南约五公里处，金竹山、南屏山、淋沥山等耸立于村南，如同一道天然屏障；武陵溪、西干溪、东干溪又像一条条玉带绕村东去，形成天然的壕沟护卫着村庄。更令人叹为观止的是，南屏整个村子宛如一座大迷宫，大街连小巷，弄堂套弄堂，头咬尾，腰衔背，曲折回旋，纵横交错。俗称“七十二弄，弄弄不相同”。

南屏曾名叶村，始建于南宋，起先是一个很不起眼的杂姓群居的小山村。自元朝末年，叶姓从都门白马山迁来后，南屏村便加快了发展的步伐。“以商从文，以文入仕，以仕保商”，官商学位一体，促进了南屏村的繁荣。到了清代中期，已形成叶、程、李三大姓，成了拥有数百户人家的古黟有名大村。由于大多数青壮年男人外出经商，只留下眷属在家聚族而居，因此数百幢成套的民居，与相当规模的宗祠、支祠、家祠、水口园林、私塾书院、神坛寺庙，构造成毗连式、隔巷相望的迷宫式的村落，既方便老人小孩互相照应，又利于防盗防贼。

青石板铺成的路面，白墙黑瓦的民居祠堂，与背山绿水形成了一种自然的和谐和浓厚的文化氛围，使得众多文人墨客流连忘返。特别是迷宫式的村落布局，更增添了游客们的探奇心理。陶渊明后裔曾遵循先祖家训，追溯漳溪，穿越桃源洞，迁徙南屏繁衍生息。清代桐城大师姚鼐也曾数游南屏，并留下了《西园记》《万松桥记》两篇传世佳作。黟山派篆刻大师黄士陵也曾受此地文化氛围的影响并从中获取过创作的灵感。他深深地爱上了这方乐土，并将心爱的千金许配南屏叶家，致使南屏村有了黟山派第三代传人。抗战期间，东吴名流周瘦鹃、程小青避乱南屏，在这里生活了一年有余，留下无数佳话。随着著名导演张艺谋在南屏村精心培育的《菊豆》一炮打响，红遍海内外，迷宫南屏更是成了黄山脚下一处著名的旅游景点和天然摄影棚，巩俐、周里京等先后在这里演绎了一个个惊险动人的故事。

（二）徽州古村落形状的文化意义

徽州，“八山一水半分田，半分道路和庄园”，因此其村落的建设不免受到山、水等环境的制约。就与华夏祖先将浩瀚天空二十八星宿想象成四个相似的动物青龙、白虎、朱雀、玄武是一个道理，徽州古村基本建成以后，人们往往根据村子所处的环境、地理位置，以及祖先的期望、对子孙的要求等理念，把不同村子的形状赋予一定的象征意义，形成特有的古村形状文化。比如，地处交通要道西武岭下面的关麓村，原名堑下、官路下，就像一个巨大的米箩斗，期望后代经商能使本村的财富增加。再如碧山村，曾出了黟县历史上最大的官“左丞相”——汪勃，赐建“人字街”，希望子孙后代代代出高官重臣，村子形状就像一条“官带”。西递村的明经胡氏不希望子孙后代躺在前人创造的财富中享乐，丧失斗志，期望他们能够乘风破浪，扬帆起航，所以不但村子像是一艘巨大帆船，有船帆（牌坊）、桅杆（千年乔木），而且村前有湖田，周围峰峦宛若十八只船进港，寓意目的相当明确。当然牛形宏村也是一样，黄山有“徽骆驼”的精神，就像深圳的“拓荒牛”一样，牛形村中的汪氏希望自己的子孙一代比一代更有作为。

村子落里的道路、街巷、水系等与村子整体形状一起，构成了徽州古村特有的文化现象。西递船形村落当中的直街和横街构成“丁”字形，古时“丁”“钉”通假同义。“丁是丁，卯是卯”“一口吐沫一个钉”，这些句子既指办事认真，毫不含糊，又指要说话算数，一诺千金。雉山村，西溪和东溪（羊栈河）穿村而过，贯穿起村子的大街小巷，且汇合于村口，就宛如展翅的凤凰。南屏村更因为村中有300多幢古民居和70多条深巷，深巷小弄，环环相套，被誉为“迷宫式古村落”。

课程五　以歙县昌溪村为代表的水口文化

（一）徽州古村落的水口

徽州几乎所有古老村庄的村口，都有人工刻意营建的痕迹，或一片树林，或一座石塔，或一座庙宇，这就是在徽州村落整体建筑格局中有“门户”和“灵魂”之誉的水口，是村落文明的象征，也是村民精神文化的乐园。

徽州人自古崇尚“风水”，“风水”理论认为“水口乃地之门户”。徽州处万山之间，各个村落四面皆山，形成了较封闭的完整空间，水口也就自然而然地成为村落的咽喉，被看成关系到村落人丁财富兴衰、聚散的重要因素。“风水”理论认为水即是财富，为了留住财气，防止它外流，除选择好的水口位置外，还必须建造些富于人文气息的建筑：桥、台、楼、塔等物，增加“锁钥”的气势，扼住关口。水口往往有很多树木布局，也是基于风水“障空补缺”的理论建造的。徽州人对水口的处理，改善了村落的环境及景观，形成“绿树村边合，青山郭外斜”“全村同在画中居”的村落总体环境特征，使水口成为独具特色的村落园林。

（二）昌溪村水口

昌溪曾名沧溪，因水得名。清清的昌河水绕村边而过。昌溪河源于皖浙交界的显岭关，穿谷越峡，蜿蜒百余里流到这里。昌溪河水清澈见底，有深潭，有浅滩。深潭是村民的天然游泳池，浅滩是村民可以戏水和洗衣之地。沿河有千亩沙滩，河岸有林木翠竹，古树参天。沿河道路是一色的石板路，靠河一侧还建有石栏杆，可倚栏杆远眺山光水色，近瞧水中戏水的鸭群。绿树、翠竹、流水、石栏构成环境优美的水口。村中有古亭、古祠、古井、古塘、古树、古民居、古牌坊，真是古色古香，美不胜收。

古树众多是昌溪村的一大特色。村中心的庙坦上，正前方就是两株高大的“千年龙凤樟”。这两棵奇形怪状、品种不同的古樟树攀龙附凤，互相依偎，树围粗大，直径有3米，高38米，枝繁叶茂，罩地近千平方米。它夏能遮阴避暑，冬可挡风御寒，是村里防风固沙的天然屏障，也是游人观赏景色的好地方。像这样的古樟树，昌溪村还有许多。在昌溪中学的校园里就有形似牛顶的“牛顶樟”，还有两株大小相仿、形状相似的“孪生姐妹樟”。被该校师生称为“四有樟”的树，更是神奇古怪，一柱四树，枝叶茂盛，令人赞不绝口。

昌溪村的“千年银杏树”，人称奇树。这棵千年银杏树，树围有8米，树高42米，枝叶匀称。奇怪的是十多年前，因遭火灾，树的主干被烧断，但古树仍存活至今，现侧枝仍枝繁叶茂。

昌溪村还有保护完好的具有数百年历史的古松树、青槐树、古罗汉松和古桫椤树等。这些古树生长在村头路边或寺院内，有的风姿古雅，有的挺拔秀丽，有的青翠浓郁，有的耸立参天，春华秋实，四时异果，增添了不少自然景色，丰富了人们的生活情趣。

（三）徽州古村的“八景”

“八景”是我国古代约定俗成的一种风物景观，也是人文文化的一种历史体现。从沈括《梦溪笔谈·书画》记载，与苏轼、司马光同时代的画家宋迪，善画八景，尤以“潇湘八景”影响深远。徽州古村落多有“八景”，同时还有“八景诗”。

作为具有代表性的八处景物常常是某一名胜地，或者扩大到某一城市或地区的著名景物的集合，多为该地历史和人文的重要反映和象征，历代文人墨客也多集中予以题咏描绘，体现了徽州古村落独有的文化特色。

（四）八景诗的源头“潇湘八景”

潇湘八景，相传为潇湘一带的湖南八处佳景，为宋代沈括《梦溪笔谈·书画》中所描述，历代皆有才子歌咏。沈括创作“潇湘八景”之初并未命名，后人以平沙落雁、远浦归帆、山市晴岚、江天暮雪、洞庭秋月、潇湘夜雨、烟寺晚钟、渔村夕照命名。

湖南省旅游学会于2005年启动了“新潇湘八景”的评选活动。

小学学段　拓展探究

课程一　以黟县西递村为代表的宗族楹联文化

一、填空

1. 西递村（　　）年与宏村被联合国教科文组织评为世界文化遗产地。

2. 西递村坐落在（　　）省（　　）市黟县西递镇。

3. 西递村的主要姓氏是（　　），西递村的始祖为原姓（　　），因遭变乱，逃匿民间，改为胡姓。

二、判断题

1. 早在唐朝之前，西递村就有了现在的胡姓。 (   )

2. 聚族而居是徽州许多乡村的普遍现象。 (   )

3. 聚族而居就是整个村子只有一个姓氏。 (   )

4. 下图是不是西递的景点。 (   )

三、说出三处西递村景点的名称。

课程二 以歙县瞻淇村为代表的村名文化

一、填空

1. 瞻淇村的村名来自（   ）：“瞻彼淇奥，绿竹猗猗。”

2. 瞻淇村地处（   ）市（   ）县。

3. 瞻淇村先前的村名是（   ）或（   ）。

4. 瞻淇村主要的姓氏是（   ）姓。

二、判断题

1. “章祁”村名的改变，与汪姓家族在这里定居、繁衍并逐渐兴旺成为村中大族有关。 (   )

2. 宏村一开始就是这个村名。 (   )

3. 楹联中的“楹”指的是徽州人家厅堂两边的柱子。 (   )

三、请说出下面景点属于哪个村

胡文光刺史牌楼（　　）

敬爱堂（　　）

雷岗山（　　）

南湖（　　）

桃源居（　　）

敬修堂（　　）

碧园（　　）

走马楼（　　）

瑞玉庭（　　）

月沼（　　）

树人堂（　　）

承志堂（　　）

德义堂（　　）

课程三　以徽州区呈坎村为代表的风水文化

一、填空

1. 呈坎古名（　　），穿街走巷的（　　）是呈坎的主要河流，全长约（　　）公里，流域面积约（　　）平方公里，属新安江三级支流。

2.（　　）代理学家朱熹赞誉呈坎曰：“呈坎双贤里，江南第一村。”

3. 呈坎整个村落是按照（　　）中的“阴（坎卦）阳（呈卦）二气统一，天人合一”的八卦风水基本理论进行选址布局的。

4.（　　）村因古建制为黟县九都，村中多是（　　）姓聚族而居，故又名九都舒村，至今已经有（　　）多年的历史。

二、判断题

1. 呈坎村地处歙县。（　　）

2. 屏山村被称为风水村，村中多数人姓苏。（　　）

3. 中国文化的特质是“天人合一”，这里的“天”指的是浩瀚的天空。（　　）

4. 天井是徽派建筑的一大特点。（　　）

三、简答题

1. 徽州古村落的“风水”说是迷信吗？若不是，又是指什么？

2. 徽州建筑中有天井，除此之外还有哪些特征？

课程四 以黟县南屏村为代表的村落结构文化

一、填空题

1. 南屏地处黄山市（　　　）县（　　　）镇西部，因村西南背倚（　　）山而得名。

2. 南屏村清代就有（　　）口井，（　　）条巷，（　　）多栋民居，现在保存较好的有142栋。全村众多的弄巷中，长的有（　　）多米，短的也有（　　）米。这里的小巷交叉衔接，条条相通，号称“江南迷宫”。

3.清代桐城大师（　　）也曾数游南屏，并留下了《西园记》和（　　　）两篇传世佳作。

4.著名导演张艺谋在南屏村拍下了电影（　　　），红遍海内外。

二、判断题

1. 南屏村是一座新建的影视城。（　　）

2. 南屏村除了街巷里弄众多之外，还有8座古祠堂，建在约200米的中轴线上。（　　）

3. 南屏村全村只有一个“叶”姓。（　　）

4. 南屏大小街巷，宽度都只有1.5米。（　　）

三、问一问

1. 南屏村前有一条什么河？与什么河在村口汇合？

2. 南屏村拍的影视剧不少，你能说出几部影视剧吗？

课程五 以歙县昌溪村为代表的水口文化

一、填空题

1. 徽州古老的村落都讲究水口，水口的方位在（　　），是人为的选设，比如选一片（　　），建一座（　　）或一座（　　），这就是在徽州村落整体建筑格局中有（　　　）和“灵魂”之誉的水口，是村落文明的象征，也是村民精神文化的乐园。

2. 除选择好的水口位置外，还必须建造一些具有人文气息的建筑：（　　）、（　　）、（　　）、（　　）等物，增加“锁钥”的气势。

3. 昌溪曾名（　　），因水得名。清清的昌河水绕村边而过。昌溪河源于皖浙交界的（　　）。

4. 昌溪村中有古亭、古（　　）、古（　　）、古（　　）、古树、古（　　）、古（　　），真是古色古香，美不胜收。

二、判断题

1. 徽州古村落的水口，即流经村子的河水的村前出水处。（　　）

2. 徽州水口文化是村落文明的象征，也是村民精神文化的乐园。（　　）

3. 徽州的水口文化讲究“风水”，是封建社会的糟粕，制约了社会文明的发展。（　　）

4. 徽州古村落基本都建在有水（河、湖、泉）的地方，并且人工引进或开挖了井、塘、渠，其唯一目的就是防火。（　　）

5. 徽州古村的村中，有的有亭、桥、塔、树等，这地方都是水口。（　　）

三、请指出下图古村落的水口。

拓展探究·初中阶段

课程一　以黟县西递村为代表的宗族楹联文化拓展探究

一、阅读归类

素有“桃花源里人家”之称的西递村，有着“中国楹联之乡”的美誉，现今西递村保存的古楹联精品有三百余副。这些穿越了百年岁月的楹联形象能直观地告诉我们什么是中国人和中国文化。余秋雨先生曾在国际论坛上说，中国文化的特征是“三道”：在社会模式上，建立了“礼仪之道”；在人格模式上，建立了“君子之道”；在行为模式上，建立了“中庸之道”。而这“三道”都可以在西递村数百年前的楹联中找到。请你读一读、品一品，说一说下面选取的西递村的六副楹联各侧重于“三道”中的哪“一道”，将序号填在相应的括号里。

①传家有道惟存厚，处世无奇但率真；②圣代衣冠光宇宙，儒门礼乐壮山河；③襟怀旷达云中鹤，品德清高崖上松；④事能知足心常乐，人到无求品自高；⑤仁心为质襟怀广，善气迎人趣味长；⑥事临头三思为妙，怒上心一忍最高；

（　　）弘扬的是中国的“礼仪之道”；（　　）宣传的是中国的“君子之道”；（　　）倡导的是中国的“中庸之道”。

二、判断题

1. 西递村380余幢民居中建于明清时期的有224幢，现保存完好的明清古民居有124幢，被誉为“中国明清民居博物馆”“世界上保护最完好的古民居建筑群”。（　　）

2. 黟县古民居、古祠堂、古桥、古塔、古碑、古牌楼、古园林、古楼阁等遍布，被誉为“东方古代建筑艺术的宝库”“中国传统文化的缩影”。（　　）

3. 徽州建筑粉墙黛瓦，马头墙高高耸立，这些都是徽派建筑的重要特色。在聚族而居的村落中，民居建筑密度较大，高高的马头墙既美观又有气魄。（　　）

4. 徽州祠堂是一个家族的中心，通过开祠祭祀和其他的家族活动，将整个家族牢牢地团结起来。封建社会，祠堂按其代表的支族多少，分为宗（总）祠、总支祠、支祠和家祠。祠堂为商议族事之处，也用作族人举办婚嫁喜宴及教斥不肖子孙的场所。西递村现保存完好的有胡氏总支祠追慕堂、支祠敬爱堂和家祠锄经堂、迪吉堂等。（　　）

5. 西递村有一幢名为“履福堂”的古民居，是胡氏二十六世祖胡积堂的故居。履福堂的前厅堂挂有“履福堂”匾额，两侧有木刻楹联，反映了主人的伦理观念：“世事让三分天宽地阔，心田存一点子种孙耕”“几百年人家无非积善，第一等好事只是读书”。（　　）

三、看图简答

西递村楹联文化是发人深省、回味无穷的。其中“错”字联是西递人聪明才智的又一体现，请你仔细观察图中左上角的那幅楹联，指出“错”字，并简要说出该楹联的含义。

四、看看、读读、想想、说说

在西递村笃敬堂的堂柱上挂着这样一副楹联（如右图），这便是“读书好营商好效好便好，创业难守成难知难不难”。通过此联来谈谈你对徽州人的看法。

课程二　以歙县瞻淇村为代表的村名文化

一、判断题

1. 古村瞻淇，据说是汪氏先人依据《诗经》“瞻彼淇奥，绿竹猗猗”为自己的村庄取了这么一个诗情画意的村名。（　　）

2. 西递村原名西川，又名西溪，取村中前边溪、后边溪、社屋溪三条溪水东向西流之意。后因村西3里处设有徽州府的“铺递所”递送邮件而改称西递。（　　）

3. 宏村始建于南宋绍兴年间，取名“弘村”。清乾隆年间因避帝讳改为“宏村”，取宏广发达之意，已有800多年的历史，为汪姓聚居之地。

（　　）

4. 瞻淇村村口有4棵古樟树，布局以观音庙为自然村端头，自西向东延伸出一条约1.5公里的主街大路，是徽商往返徽州、杭州所必经的徽杭古道。

（　　）

5. 徽州的古村落虽多聚族而居，但不少村落并不用其姓氏来命名该村。这不但体现了徽州文化的博大精深，也体现了徽州人对村落繁荣、子孙兴旺、诸姓和睦相处的朴素愿望。（　　）

二、简答题

结合本次研学之旅，请将为你留下最深印象的古徽州“一府六县”古村落名称写下来，并与同行者交流为什么印象最深。

三、问一问、想一想、说一说

1. “聚族而居”是古徽州村落的一大特点，如黟县南屏被誉为“中国古祠堂建筑博物馆”。这里有李氏支祠“抱一书斋”“程氏宗祠”和叶氏宗祠“叙秩堂”，足见南屏是叶、程、李三姓家族齐聚而居。为什么南屏没有以姓氏来给村子命名呢？

2. 徽州传统村落的兴衰与徽商及徽文化的兴衰密切相关，其为我们留下的精神财富有哪些？从徽商的衰落中我们应该汲取哪些经验教训？

3. 请你从这次研学之旅中，选取一两个你认为文化内涵最深的古村落，为其写一个广告词，以扩大它的影响力。

课程三　以徽州区呈坎村为代表的风水文化

一、判断题

1. 呈坎原名龙溪，始建于东汉三国时期，距今已有1800多年历史，早在宋朝就被著名理学家朱熹赞誉为："呈坎双贤里，江南第一村。"　（　　）

2. 皖南山区的徽州人是"风水"理论得以广泛应用的重要因素。众多的皖南古村落，至今仍能形象地说明"风水"理论和程朱理学对村落选址布局、环境建设所起的作用。　（　　）

3. 呈坎整个村落是按《易经》中"阴（坎），阳（呈），二气统一，天人合一"的"八卦风水理论"选址布局的，依山傍水，形成三街、九十九巷，宛如迷宫。　（　　）

4. "小桥流水古村，人杰地灵屏山"是对屏山村的真实写照，因其古建制为黟县九都，村中多是舒姓聚族而居，故又名九都舒村，距今已经有1100多年的历史。　（　　）

5. 中国文化的特质是"天人合一"，而徽派民居中天井、庭园和飞翘起的檐角是风水师追求"天人合一"境界的途径。　（　　）

二、简答题

品楹联，知其意。将徽州古人追求的"天人合一"理念与本次研学中你的所见、所闻、所思结合，说说为什么在徽州传统村落存在"水口"。

三、连线题

古徽州在建村时，依据风水理论"吉地不可无水"，所以其选址总与水密不可分，请将下列村落与相应的河流、山峰连接起来。

众川河　宏村　屏风山

吉阳溪　呈坎　来龙山

前边溪　后边溪　社屋溪　屏山　雷岗山

浥溪河　西递　龙山

四、读一读、想一想、问一问、说一说

1. 徽州古人追求“天人合一”的理念，对自身的生存环境有着强烈的保护意识，鼓励人们将购买的鱼鳖放生，村庄周围山上的树木严禁砍伐。他们还提出“严禁春日行猎”，倡导“冬鲫夏鲤”，流行“端午过后，黄鳝长牙”和“过路鳖，不可抓”等俗语。请问这是为什么呢？

2. 说出古徽州各县的意象图腾各是什么，并了解它的寓意。

3. 与同学交流徽派建筑中“天井”的作用。

课程四　以黟县南屏村为代表的村落结构文化

一、选择题

1.（　　）古村落现保存较好的古民居有142栋，全村有72条弄巷，长的有百余米，短的也有二三十米，大小巷交叉衔接，条条相通，号称“江南迷宫”。

A.宏村　　B.屏山　　C.西递　　D.南屏　　E.瞻淇

2. 徽州人对水口的处理，改善了村落的环境及景观，形成了“绿树村边合，青山郭外斜”的村落总体环境特征，使水口成为独具特色村落园林。如南屏水口有（　　）、西递水口有（　　）。

A.长宁湖　　B.万松桥、万松林　　C.昌河、古樟树　　E.石桥、走马楼

3. 徽州古村落的特色是聚族而居。在“程朱故里”徽州，宗法家族制度发达，各个宗族都将程朱理学奉为精神支柱。徽州祠堂是一个家族的中心，各宗族可以通过开祠祭祀和其他的家族活动，将整个家族紧密地团结在一起。如西递有（　　），宏村有（　　）等。

A.叶氏宗祠“叙秩堂”　　B.汪氏宗祠“乐叙堂”　　C.坑口“会源堂”　　D.舒氏宗祠“菩萨厅”　　E.胡氏宗祠“敬爱堂”

二、判断题

1. 徽州众多古村落的选址、布局都体现了“天人合一”的中国传统哲学思想，众多村落环境都很相似，即枕山、环水、面屏。　　（　　）

2. 南屏村的发展繁荣得益于“以商从文，以文入仕，以仕保商”，

“官商学”三位一体，促进了南屏村的繁荣。徽州古村落的发展历程大致都是如此。（　　）

3. 徽州古村落的村民往往根据村子所处的环境、地位，以及祖先的期望、对子孙的要求等理念，把不同村子的形状赋予一定的意义，形成了特有的古村形状文化，如宏村似“牛”形，西递如扬帆起航的船等。（　　）

4. 南屏村的36眼水井中，最有代表性的叫“三元井”，“三元”即解元、会元、状元，有连中三元之意。村里人都有一个美好的愿望，就是喝了这口井中的水的人都能连中三元。（　　）

5. 20世纪90年代初，著名影片《菊豆》在南屏拍摄，之后又在该村拍摄了《大转折》《徽商》《卧虎藏龙》等影视片，使南屏的知名度不断提高，被称作“中国影视村”。（　　）

三、走一走、看一看、读一读、想一想、说一说

南屏整个村子宛如一座大迷宫，大街连小巷，弄堂套弄堂，头咬尾，腰衔背，曲折回旋，纵横交错，俗称“七十二弄，弄弄不相同”。南屏被誉为“中国古祠堂建筑博物馆”“中国影视村”。南屏村不仅有中国罕见的古祠堂建筑群，而且是座“迷宫式村落”，其有一条弄堂名叫“长房弄”，是72条巷弄中最长、层次感最强的一条，尽头有23级台阶，一级高过一级，村中人叫它“步步高升巷”。

1. 徽州的传统古村落中，为什么到处都是高墙深院和纵横交错的巷弄？

2. 南屏村的“长房弄”“步步高升巷”，有什么寓意吗？

课程五　以歙县昌溪村为代表的水口文化

一、判断题

1.习总书记说，绿水青山就是金山银山！绿化包含了这句话的全部意义。（　　）

2. 古徽州的水口文化体现了古人对保护生态的重视。（　　）

3. 水口文化在一定意义上讲，包含了徽州人对村子建设约定俗成的审

美取向。（　　）

4. 水口文化在一定意义上讲，体出了徽州人认为村子中的绿化不可或缺。（　　）

5. 水口文化在一定意义上讲，体现了徽州人认为人与自然环境相得益彰的重要性。（　　）

6. 水口文化在一定意义上讲，包含了徽州人对美好生活的向往。（　　）

7. 在徽州，一个村的水口是否符合需求包括两个因素：第一，客观上的自然生态环境因素；第二，主观上的人为文化环境因素。（　　）

8. 概括地讲，徽州古村落的水口文化囊括了六个字：天时、地利、人和。（　　）

9. 天时不如地利，地利不如人和。水口文化重在人为因素。（　　）

10. 徽州的水口文化实质上是徽文化的一个组成部分。（　　）

二、问一问、想一想、说一说

古徽州黟县有句口头禅（预测当日天气）：朝看源头，夜看水口。

黟县盆地以县城为中心，坐北朝南，四面环山，七溪（武溪、霍溪、丰溪、霁水、漳河、金溪、龙川）汇三水（古筑河、漳河、龙川河）。三水再流向江盆地南——石山，在此汇集为漳河主干，流向新安江。“源头”指的是水源头。

问：这里的“水口”指哪里？为什么？

拓展探究·高中阶段

课程一　以黟县西递村为代表的宗族楹联文化拓展探究

1. 当你走进西递村景区时，第一眼见到的景观就是牌坊，它是徽州“三绝”之一。“位于安徽省黄山市黟县西递村的胡文光牌坊，建立于明万历六年，也就是四百多年前，牌坊高12米，宽近10米，系三间四柱五楼单体仿木结构。”这是研学导师对牌坊的介绍。当你注意到“牌坊高12米”时，你可能会想，牌坊的高很难用尺量但导师说的却是准确数，宽很容易用尺量导师为何告诉你“宽近10米”呢？这个疑问，可能你的研学导师难以回答，但是根据你所学的数学知识却很容易验证“牌坊高12米”是否正确。请你用（图2）设计一种方案来测量西递村胡文光牌坊（图1）的高度。

图 1

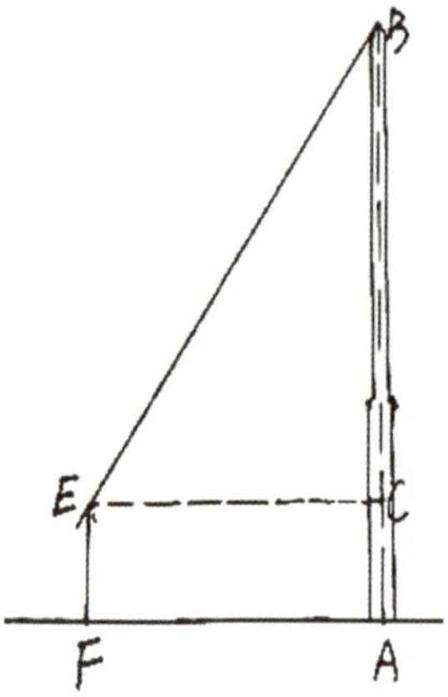

图2

2. 在徽州常把“对联”称作“楹联”。“楹”者，柱也。把一副联语，分别题写在相对而立的两根柱子上，故称之为“楹联”。“世事让三分天宽地阔”是西递村一副著名楹联的上联，请你选出这副楹联的下联（　　）。

A.第一等好事只是读书　　B.千葩盈四座花里神仙

C.心田存一点子种孙耕　　D.世间二件事读书耕田

3. 西递村，安徽黟县南部古村落。下图是西递古村落的全景，它处在白云深处，又有“桃花源里人家”的美名。2000年11月30日，联合国教科文组织第24届世界遗产委员会会议决定，将西递村列入世界文化遗产名录。如果有一副对联的上联是如下所表达的内容，请你对出下联。

上联：白云深处仙境　　下联：

4. 某餐馆为了提倡文明用餐，就在餐馆门口贴了一副对联。请结合《悯农》中的有关诗句，将答案填在下面的横线上，使之完整。

上联：________________，弃之可惜；

下联：杯中酒口口都香甜，量力而行。

5. 徽州的民居楹联、祠堂楹联和名胜楹联各有特色，下面是西递村的两副楹联：

（1）处事类围棋，出手不如束手；安居若撑伞，遮身便是爱身。

（2）有子孙，有田园，家风半耕半读，但以箕裘承祖泽；无官守，无言责，世事不闻不问，且把艰巨付儿曹。

请你根据民居联、祠堂联、名胜联的知识，说出上面楹联的类型：（1）是________；（2）是________。

6. 有人说：西递楹联，中国的眼睛！通过它，我们可以读到中国人的心灵世界、文化人格。你是怎样认为的？请你欣赏下面图片中的楹联，并收集一些典型的西递楹联，说说其文化意义。

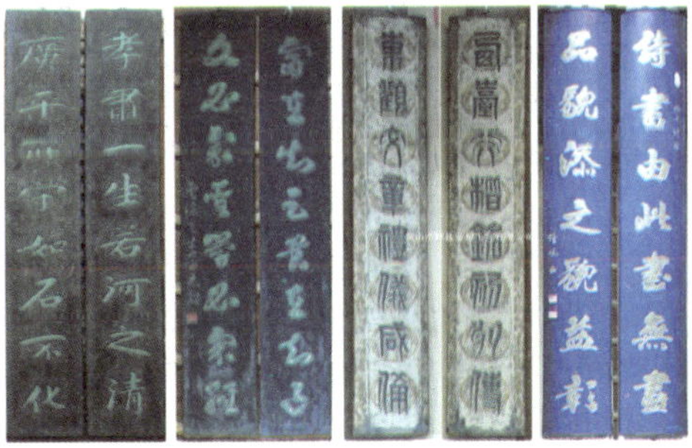

7. 请你体会西递楹联“万世家风惟孝悌，百年世业在读书”的内涵，为自己写一副与读书有关的楹联。然后把你创作的楹联“粘贴”在西递古民居的照片上发到朋友圈让你的朋友欣赏，或者发到班级的QQ群与同学共勉。

8. 下图是一些西递村的门楣石刻，请说说每方文字的意思：枕石小筑门楣“灵秀所钟”；东园天井石刻“结自得趣”。

西泠八大家之一陈鸿寿所书

西园门楣“西园”西园门楣“菜根香处”

胡建元家门楣“步蟾”

课程二　以歙县瞻淇村为代表的村名文化

1. 古村瞻淇，地处歙县的东部，距县城约20公里。现今瞻淇村东仍有一个与之毗邻的小村沿用“孝女村”这个名字，村内尚存的“孝女庙”，其庙名是名宦（　　）所题。

A.范仲淹　　B.李白　　C.董其昌　　D.苏轼

2. 华夏三大地域文化是指（　　）。

A.东吴文化、敦煌文化和徽州文化　　B.藏文化、敦煌文化和苏州文化

C.吴越文化、藏文化和北方文化　　D.藏文化、敦煌文化和徽州文化

3. 古徽州许多传统村落都是“聚族而居”的，但是徽州古村为什么有很多不用自己氏族的姓氏命名村子呢？请你举例说明其中的道理及意义。

4. 下面是对世界文化遗产地宏村的描述，请你将正确的画“√”，错误的画“×”。

（1）根据明代嘉靖三十年（1551年）戴廷明、程尚宽编撰的《新安名族志》记载，村子始建于唐，当时名叫“韩村”。（　　）

（2）北宋治平二年（1065年），雷氏叔侄来到海阳县（休宁）潜阜村，他们建阜清道观，此道观香火旺盛，于是人们将此山称为雷阜，也就是现在的雷岗山。（　　）

（3）绍兴年间（1131年），宏村东面十华里的奇墅村，因为大火，三百余家民居被焚而烬，汪氏66世祖彦济公率族迁来雷岗山下居住，即“十三家楼”。（　　）

（4）因黟县土话“韩”与“弘”同音，遂改称韩村为弘村，意为弘广发达。乾隆年间，因乾隆皇帝名弘历，汪氏为避皇讳，又将弘村改为宏村。（　　）

5. 黟县传统村落屏山村因村庄北面有山，形状像是屏风而得名，更因为其堪舆文化而散发着无穷的魅力。屏山因古建制为黟县九都，村中多是舒姓聚族而居，故又名九都舒村，距今已经有一千一百多年的历史。请你以“小桥流水古村，人杰地灵屏山”为题，结合下面三张屏山的照片写一篇短文（600字左右）。

屏山村1

屏山村2

屏山村3

课程三　以徽州区呈坎村为代表的风水文化

1.“黟县蛤蟆歙县狗，祁门猴狲翻跟斗，休宁蛇、婺源龙，一犁到磅绩溪牛。”凡徽州人大多知道这句俗话，但许多人并不知道其中的含义。你通过这次“古徽州传统村落”的研学后能说一说其内涵吗？请你写出来读给你的父母听。

2. 下面是对徽州传统村落呈坎的描述，其中正确的语句数是（　　）。

（1）呈坎村被誉为中国“风水”第一村；

（2）呈坎村是世界上现存最古老、最神秘的“八卦村”；

（3）呈坎村枕山面水，前要照，后要靠，两边还有小山抱，是一块“风水宝地”；

（4）呈坎村藏风纳气，纳四水于村中，聚水聚财，阴阳调和，依山傍水，三街九九巷宛如迷宫。

A. 1　　B. 2　　C. 3　　D. 4

3. 中国文化的特质是“天人合一”，徽派民居中天井、庭园和飞翘起的檐角是风水师追求“天人合一”境界的表现。徽州宅居中的天井大小形状是很有讲究的，请以传统村落民居天井为题材拍摄一组照片，然后把这些照片进行制作，上传到班级的App平台分享，并总结出徽州传统村落中民居天井的基本特征。

4. 宋代理学家朱熹赞誉呈坎：“呈坎双贤里，江南第一村。”呈坎整个村落是按照《易经》的“阴（坎卦）阳（呈卦）二气统一，天人合一”的“八卦风水”基本理论进行选址布局的。下面是呈坎村的照片，请你借助网络了解一些“八卦风水”基本理论，并进行总结。

呈坎村

5. 请搜集资料了解徽州古县城，如黟县的碧阳、休宁的海阳、绩溪的华阳、婺源的紫阳的来历及含义。

课程四　以黟县南屏村为代表的村落结构文化

1. 下面是对黟县南屏村的描述，请你在正确的后面画“√”，错误的后面画“×”。

（1）南屏全村的72条弄巷中，长的有一百多米，短的也有二三十米。这里的小巷交叉衔接，条条相通，号称“江南迷宫”。（　　）

（2）南屏曾名叶村，因村背倚南屏山而得名。这里充满了浓郁的新安传统文化氛围，仅在清代村里就有14人出任过知县以上的官职，有记载的书画艺术家达27人。（　　）

（3）在清代，南屏就已经有36口井、72条巷、300多栋民居了。（　　）

（4）南屏的整个村子，宛如一座大迷宫，大街连小巷，弄堂套弄堂，头咬尾，腰衔背，曲折回旋，纵横交错。俗称“七十二弄，弄弄不相同”。

（　　）

（5）南屏村地处黟城西南五公里处，顶云尖、南屏山、淋沥山等耸立于村南，如同一道天然屏障；武陵溪、西干溪、东干溪又像一条条玉带绕村东去，成了天然的壕沟护卫着村庄。（　　）

（6）著名导演张艺谋在南屏村拍摄的《菊豆》一炮打响，红遍海内外，迷宫南屏更是成了黄山脚下一处著名的旅游景点和天然摄影棚。

（　　）

2. 徽州古村落中，粉墙青瓦、马头墙处处可见，右面的照片就是古徽州传统村落的民居，从照片中可以看出家家都有马头墙。古徽州人的民居建马头墙肯定不只是为了美感，一定还有其实用性和文化意义。请你用一篇短文阐述徽州古民居马头墙的实用性和其蕴含的文化意义（不少于300字）。

马头墙

3. 门罩、天井、马头墙是徽派建筑最明显的特点，而徽州民居的门罩形形色色，式样多样。下面就是一组古徽州民居的门罩照片。请你说一说门罩的实用性和其蕴含的文化意义。

门罩

门罩

4. 徽菜文化是徽州文化的重要组成部分，你到徽州参观了古村落，肯定也品尝了徽州美食，或者你在聚餐时吃过徽菜。曾有人这样形容徽菜：严重好色，轻度腐败。所谓“严重”，指的是“盐重”，徽州菜食盐用得多，口味偏重；好色则是因为徽菜重色重油，喜用酱油上色，颜色偏深；徽菜中许多料理在制作过程中都经过发酵或腌制，轻度腐败是它的一大特色，其中又以臭鳜鱼和毛豆腐最具代表性。请你在下面的徽州美食图片中找出徽州名菜“臭鳜鱼”与“毛豆腐”，并运用你所学的知识解释为什么“臭鳜鱼闻着臭吃着香”“豆腐长了毛还很好吃”。

特色徽菜

5. 徽州传统村落物产丰富，请你把下面的特产名称分别填写在对应的产地下面。特产：枇杷、罗盘、徽墨、徽州金丝琥珀蜜枣、香榧、桃子、夹心豆腐干。

产地	三潭	泗溪	黟县	关麓村	休宁	歙县	五里村	歙县
特产								

6. 黟县曾被网友戏称为黑多县，但如今，以“黑多”为代表的特色风味变成了一种流行趋势。为做好“黑多”文章，黟县立足生态资源，大力发展“黑色经济”，推出了“五黑”系列有机农产品。你能从下面这幅没有署名的水墨作品中找出这五黑农产品吗？

课程五　以歙县昌溪村为代表的水口文化

在徽州，几乎所有古老村庄的村口，都有着人工营建的痕迹，或一片树林，或一座石塔，或一座庙宇，这就是在徽州村落整体建筑格局中有“门户”和“灵魂”之誉的水口。这既是村落文明的象征，也是村民精神文化的乐园。当然村落的水口不同于村口，请你用列表说明徽州古村落的村口和水口的联系与区别。

	村口	水口
区别		
联系		

1. 判断题，请你在正确的后面画“√”，错误的后面画“×”。

（1）风水山是村子的龙脉所在，故也称来龙山。山上的植被不允许随意破坏，比如说宏村就有“宁肯走万步，不砍雷岗树”的民谚，因为雷岗山是宏村的风水山。村民宁愿到很远的地方去砍柴烧饭做菜，也不愿意破坏村子背后雷岗山的一草一木，这也体现了村民朴素的环保意识。（　　）

（2）徽州传统村落的“八景”和“八景诗”是深厚村落文化底蕴的体现。（　　）

（3）“前有照，后有靠，左青龙，右白虎”是徽州村落所谓的最佳位置，意思是说村前应该有一泓碧水，村后应该有大山，左右两旁应该有小山环抱。（　　）

（4）保护传统村落有利于促进社会主义精神文明的建设。（　　）

（5）传统村落是农耕文明的产物。村落和文化的关系非常紧密，村落是基础，文化是内涵。（　　）

2. 我国大陆的地势西高东低，所以江河水多为西水东流。但是徽州有一个著名村落，溪水却是由东往西流，民谚有“东水西流，吃穿不愁”的说法。这个村子是（　　）

A.黟县西递村　B.黟县宏村　C.歙县瞻淇村　D.徽州区呈坎村

3. 地灵人杰的徽州传统村落，曾诞生过不少历史杰出人物。请你将下列历史名人与其曾经生活过的村落用线连起来。

活字印刷术的创始人毕昇	歙县
北宋末年农民起义军领袖方腊	歙县
南宋大学者理学集大成者朱熹	婺源县
明末清初著名制剪工匠张小泉	黟县
清代大学者戴震	屯溪区
马克思在《资本论》中唯一提到的中国人王茂荫	歙县
近代著名铁路工程专家中国铁路的创始人詹天佑	婺源县
现代著名山水画家理论家黄宾	虹歙县
现代著名学者胡适	绩溪县
著名教育家陶行知	歙县

4. “八景”是我国古代约定俗成的风物景观，也是人文文化的一种历史体现。徽州古村落，多有“八景”，同时有“八景诗”。请你以“平沙落雁、远浦归帆、山市晴岚、江天暮雪、洞庭秋月、潇湘夜雨、烟寺晚钟、渔村夕照”为“八景”，想象出八个画面，通过“简笔画”的形式把画面记录下来，完成一幅八景图。

5. 传统村落昌溪村的一大景色就是古树众多。村中心的庙坦上，正前方就是两株高大的“千年龙凤樟”，这两株品种不同的古樟树攀龙附凤，互相依偎，树围粗大，直径有3米，高约38米，枝繁叶茂，是村里防风固沙的天然屏障，也是游人观赏景色的好地方。假如昌溪村的老百姓希望你为他们测算出下面照片中昌溪村水口的古樟树的年龄，你能根据所学的生物知识完成这个任务吗？请你写出解决问题的方案。

第五篇

DIWUPIAN

技艺·精神

徽州非物质文化遗产

活动目标

1. 能说出2～3种徽州非物质文化遗产的名称，了解徽州非物质文化遗产的基本样式、造型技法、艺术特色。

2. 在参观、体验、创作过程中，提升观察力、想象力、创造力和审美能力。

认同徽州非物质文化遗产是徽州文化的脉络和灵魂，是中华传统文化最突出的传承和弘扬。理解在社会历史变迁和现代化的过程中，对徽州非物质文化遗产的保护具有更加现实的紧迫性，并能采取力所能及的措施提出建议和倡议。

活动内容

· 引言

· 龙尾歙砚天下冠

· 万载存真徽州墨

· 独树一帜徽竹雕

· 巧借天然创根雕

· 徽派盆景意蕴深

· 徽剧荟萃成京剧

活动课程

学习活动	龙尾歙砚天下冠	万载存真徽州墨	独树一帜徽竹雕	巧藉天然创根雕	徽派盆景意蕴深	徽剧荟萃成京剧
历史探究	如数家珍					
人文综合		墨笔生花	珍品取名		借景言情	小试牛刀
综合实践	砚中春秋			创意根雕		

引　言

非物质文化遗产是民族智慧的结晶和文化的财富，是一个民族的文化印记，是一个地方珍藏的记忆、文脉的延续，更是我们心中深深的乡情、浓浓的乡愁。对大多数徽州人来说，乡愁是身在异乡舌尖那一抹臭鳜鱼的味道；是居庙堂之上，处江湖之远，依然忘不了的那一幕故乡的景和故乡的老物件。

徽州地区是中华文明的重要发祥地之一，拥有众多珍贵的非物质文化遗产。其中，国家级非物质文化遗产项目包括：歙砚、徽墨、宣纸、万安罗盘、徽州“三雕”、凤阳花鼓、池州傩戏、徽州目连戏、泗州戏、黄梅戏、庐剧、徽剧、岳西高腔、青阳腔、安徽花鼓灯、巢湖民歌、当涂民歌。省级的非物质文化遗产项目更是数不胜数。这些非物质文化遗产具有深厚的群众基础，构成了徽州特有的文化魅力，是徽州人民宝贵的精神财富和智慧结晶。

学习活动1：历史探究——如数家珍

徽州地区的非物质文化遗产众多，请列举2～3项徽州地区的国家级非物质文化遗产项目，并制订计划，一定要亲自去体验哦！

【适合前活动课程·全学段】

这些非物质文化遗产的背后，其实是徽州人的精神，是徽州的工匠精神。曾经，工匠是中国老百姓日常生活须臾不可离开的一种职业，木匠、铜匠、铁匠、石匠、篾匠等，各类手工匠人用他们精湛的技艺为传统生活景图定下底色。

随着农耕时代的结束，社会进入后工业时代，一些与现代生活不相适应的老手艺、老工匠逐渐淡出人们的日常生活，但工匠精神永不过时。工匠精神落在个人层面，就是一种认真精神、敬业精神；工匠精神落在企业家层面，就是企业家精神。

龙尾歙砚天下冠

歙砚因生产于歙县而得名，是砚中的上乘珍品。唐代开元年间，歙砚之名始传，并流行全国，历经唐、宋、元、明、清等朝而不衰。“石质坚韧、温润莹洁、纹理缜密，抚之如柔肤，扣之似金石”是歙砚的特点。歙砚雕刻精湛，造型浑朴，刀法刚健有力，美观、实用、大方，历来被文人墨客誉为罕世珍宝。

歙砚具有下墨快，不损笔锋，墨水不干等特点，因此有“龙尾歙砚天下冠”之说。歙砚雕刻具有徽派石雕的风格，即浑厚朴实，美观大方，刀法刚健，花式多变。它的图案多取于黄山胜境、新安风光、小桥流水或神话传说、名人逸

学习活动2：综合探究——砚中春秋

在研学过程中，同学们一定会去参观歙砚厂，幸运的话会得到一方砚台。手捧砚台时，相信你会感慨万千。请在砚底将你所思所想，或文字或图画镌刻其上，以资纪念。更希望此砚常伴你的书桌左右，与你共同书写人生。

【适合活动中课程·全学段】

徽墨

事等。歙砚曾作为国家礼品，被赠予很多外国领导人。

歙砚的制作流程主要有选料、制坯、设计、雕刻、配盒等。每一方砚台的制成都要经过十几道工序，离不开制砚工人和雕刻家的辛勤劳动。

近年来，歙县在上级有关部门的大力支持和帮助下，采取了多种有效措施对歙砚的生产及核心技术予以保护，先后投入资金450万元用于歙砚的砚石探矿选测、开采生产，传统技艺的收集整理以及科研项目和传承人的培训等方面。另外，歙县还根据实际情况制定了详细的保护计划，力争用5年的时间建成一座徽墨歙县博物馆，建设完整的歙砚原生产基地，保存完整的歙砚生产工艺，培养新一代的制砚人才。

万载存真徽州墨

制墨是我国一项历史悠久的传统工艺，是我国书画艺术的重要组成部分。徽墨是我国制墨工艺中的一朵奇葩，在我国制墨史上占有重要地位（关于制墨工艺本书古城篇已有介绍）。徽墨的墨模是由能工巧匠雕刻的名人的书画，集绘画、书法、雕刻、造型等艺术于一体，已成为一种综合性的艺术珍品。这些技艺是长期经验的积累，是多人智慧的结晶，是一份极其宝贵的历史文化遗产。在工业制图、装潢美术、印刷、医

徽墨工匠

制作徽墨

药、描瓷等许多方面，徽墨都有着广泛应用。

当代的徽墨在继承传统工艺的基础上又进行了创新、发展，恢复了茶墨、青墨、朱砂墨、五彩墨和古香古色的手卷墨的生产，并开发了新的品种。另外，将墨锭制成各种艺术形态并施以五彩，嵌在锦匣当中，供人们鉴藏，这种墨锭也是现代制墨业的一大特色，这种墨锭也是我国高档的工艺美术品之一。

徽墨特征鲜明，技艺独特，流派品种繁多，科技内涵丰富，在中国制墨史上占有重要地位。但是，由于原料不足和工匠后继乏人，所以现在徽墨的生产前景堪忧，相关的制作技艺也有失传的危险，亟须保护与抢救。

学习活动3：人文探究——墨笔生花

舞文弄墨是古代文人的生活方式之一。古人云："有佳墨者，犹如名将之有良马也。"请以小组为单位，一部分同学撰写"咏墨诗"，一部分同学用徽墨撰写书法，共同完成一幅艺术创作。

【适合活动中课程·全学段】

独树一帜徽竹雕

徽州竹雕一般以徽州盛产的毛竹为原料，以刀代笔，因材施艺，运用线刻、浅浮雕、深浮雕等工艺，雕出各种书画作品。这些作品有名人的书法墨迹，有名胜古迹的山川风貌，有民间传说的神话故事，有珍禽异兽的千姿百态，题材极其广泛。竹雕主要用于摆设装饰，常见的工艺品包括屏风、告屏、挂屏、插花瓶、文具盒、牙签盒、烟灰盒、笔筒、筷筒、楹联、腕枕、餐具等。将竹子从中剖开，形成两块半弧形竹片，这种可以用来制作包柱的雕刻楹联。一般将字雕成阴文，填以石绿色料，悬于厅内，古色古香。有的还在半弧形竹片上雕成图画，用作建筑物的装饰部件，但多数是独立成画，雕刻较为精细。竹雕有的用漆，有的保持竹质本色。即使用漆，一般也都用浅色，或用桐油涂于表面，既有光泽，又能透出竹质纤维的脉理，以达到清新淡雅的审美效果。

“徽派竹雕”的代表人物有吴元满、李希乔、张立夫和程文在等。吴元满是明末安徽人，精通书法，擅长篆刻，尤喜“六书”研习。因此，他的竹雕独显文字风采，并以金石碑体为主，运刀时能和运笔一样得

竹雕作品

学习活动4：人文综合——珍品取名

祁西发现了一把竹制茶壶，通体均为竹子所做，尤其盖上的纽，系小水竹所制，竹节雅致可爱。壶身为八面柱体形，面面都有雕刻，其中四面为画，都是各类花草。三面为字，一曰“客到相待时”，一曰“茶来渴者多”，一曰“竹壶世间少”。一面装有壶嘴，八个面均以黑漆凸线勾勒。

请为小茶壶取一个雅致的名字，并能与三面的文字浑然一体。

【适合活动中课程 · 全学段】

心应手，形成了独特的艺术风格。李希乔是清初著名的竹雕大师，号石鹿山人。他的竹雕既有吴元满书法入竹的风绪，又有新创，线条简洁、流畅，画面清丽而富有意韵。张立夫是清代道光年间成名的竹雕大师，以多才多艺享誉江南。他以雕版、刻漆为业，其竹雕作品也独具一格。

如今徽州传统四雕的发展也融入了高新技术，中国传统手工艺的精华和现代高新技术结合，助推徽州四雕发展步入一个崭新的时代。典型的代表有：朱弘先生（朱熹第二十九代传人），代表作品为《兰亭雅集图》，竹雕香筒入选了北京国家博物馆。

如今徽州竹雕逐渐发展，形成了以雕刻文化展览、现代雕刻科技实验、徽州雕刻手工技艺展示、雕刻文化研究、精雕艺术品生产、徽派古建筑雕饰艺术创作、文化产品包装、雕刻雕塑文化创意爱好者俱乐部、文化交流等为一体的综合性产业。

巧借天然创根雕

徽州根雕的发源地是黄山市。徽州根雕历史悠久，造型独特，深受人们的喜爱。

根雕

黄山市地处北亚热带，属于湿润性季风气候，具有温和多雨、四季分明的特征，适合多种林木的生长。丰富的森林资源为徽州根雕艺术提供了创作的基础。

徽州根雕的制作步骤分为选材、立意、初步剪裁、雕刻成形、打磨和着色上漆五个部分。徽州根雕用材必须选择材质坚硬、木质细腻、木性稳定、不易龟裂变形、不蛀不朽、能长久保存的树种，如黄杨、檀木、柏木、榆木等。根材造型的选择标准可概括为“稀、奇、古、怪”四种类型。徽州根雕的主题立意是根据天然树根的形态，在尊重自然的基础上，反复审视的。徽州根雕依照根材的固有特征，因势利导，机动灵活地把握多雕少雕的部位，该留的留，不该留的就不留，或该拼接的就拼接，还可以对根材的色泽、洞穴、疤瘤、纹理等进行一定创作。尽量使根材的这些天然特点和神韵，在已确定的艺术形象中得到合理利用和充分体现。根雕师要因材施艺，对根材进行取舍、雕琢、磨制等一系列精制加工，做到巧藉天然，美有所用，使自然美的“奇”与人工美的“巧”自然地结合起来，实现原定的创作设想。经过加工，整个作品的艺术风格浑然一体，在艺术构思上不落俗套，造型简洁明快，传神寓意，注重自然美与艺术美的结合，从而实现构思奇特、鬼斧神工的艺术效果。徽州根雕作品的造型刚开始看起来与实物不像，但你越看越像，这才是好作品。所谓“神似”，一方面是根雕艺术家对客观对象的生气神韵的描绘，是一种活脱脱的生命力；另一方面就是根雕艺术家凝聚在艺术形象身上的审美情感。徽州根雕因其造型罕见珍奇，被称为“天地之灵气，日月之精华”，是艺术之宝。

学习活动5：人文综合——创意根雕

想象力是根雕艺术的灵魂。请你留意观察根雕厂中的原始树根，想象它可以被创造成一个什么样的作品，并与根雕师傅交流分享你的创意。

想象力要怎样培养呢？不妨在日常生活中多积累，常练习，锻炼自己的想象力。

【适合活动中课程 · 全学段】

徽派盆景意蕴深

盆景是以天然的山石、活的树木花草为素材，通过立意、造型、置阵布势、养护管理等艺术的和科学的手段，在特定的盆盎中组成以树木、山体等为主体的自然景观。盆景是以小中见大为特点，以极富生命活力为特色，使画境和意境相融合的艺术品。它源于自然，是自然景观的微缩，但又高于自然，是自然景观典型、集中的表现。它是自然界中树木花草、天然岩石的组合，但它又蕴含着创作者的思想感情和理想祈望，是人们向往自然、回归自然、怀抱自然欲望的产物。徽派盆景以歙县的卖花渔村最具代表性，该村的盆景以古朴、奇特、遒劲、凝重、浑厚为特色，开创了一派独特的传统艺术风格，距今已有800多年的历史。

徽派盆景寓意于形，如游龙式是中华民族的象征，三台式则寓有蓬莱仙境或天、地、人之内涵，迎客式则为恭候嘉宾。游龙式梅桩、扭

徽派盆景

学习活动6：人文探究——借景言情

一个成功的盆景作品，必须具有美的生境、美的画境和美的意境，总之，是托景言志，借景言情。所以清代文学家张潮说："居城市中，当以画幅当山水，以盆景当苑囿。"

盆景艺术中令人浮想联翩、意境深远的佳作不胜枚举。如在一椭圆形大理石浅盆中，几块玲珑的巧石组成南国海岛景致，配以数株植物，点以长须老人，立杖岩边海滩，手搭凉棚引颈眺望，远方几点小石组成孤岛，大小组石之间海水缥缈，远处孤岛隐约可见，题一"思"字为名。

请思考，这一名为"思"字的盆景的寓意是什么？

【适合活动中课程·全学段】

旋式罗汉松、三台式圆柏等，高大、雄伟、粗犷、古朴，充满着神秘的装饰美感；黄山松、罗汉松等造型，以黄山古松为典范，充满着朝气蓬勃、奋发向上的徽州人文精神。

徽派盆景植物种类较多，以徽梅、徽柏、黄山松、罗汉松为主。通过徽州花农和盆景艺人数百年的精心培育，现已选育出一大批出类拔萃的梅花品种，如徽州骨里红等。这些梅花的形成是经过花农长期选优、人工嫁接、压条存异等方式培育而成的。颜色从紫红、朱红、粉红到粉白、素白、淡绿、浅黄等，一应俱全。花型有单瓣、复瓣、重瓣、台阁等，千姿百态，绚丽多彩。

徽剧荟萃成京剧

徽州戏曲是中国戏曲史上一个古老的剧种，始流行于徽州及安庆、池州、太平一带，对许多剧种产生过巨大影响。徽剧剧目很丰富，约有传统剧目1400个。徽剧的表演艺术更是丰富多彩，技艺精湛。文戏以载歌载舞、委婉细腻为特点；武戏以粗犷、炽热、功夫精深、善于高台跌扑而震惊观众；生活小戏以浓郁的乡土气息和风趣、诙谐的语言吸引观众。舞台画面多彩多姿，具有雕塑造型之美。

徽州戏是传统戏剧中影响较大的一个剧种，与徽州商人的支持和传播是分不开的，故有“没有徽州商人，就没有徽州戏”的说法。徽州商人不论把徽戏带到哪儿，都会多多少少对当地

学习活动7：人文探究——小试牛刀

说方言，唱徽剧，做一次徽州人。请有京剧功底的同学学唱徽剧，并说一说这两者的区别。

【适合活动中课程 · 全学段】

徽剧

戏剧的发展产生一些影响，同时徽剧会吸收当地文化的长处来丰富自己。倚靠徽州商人和徽州官僚的推动，徽州戏已成为各地文化相互交融的一个结晶。

京剧是徽剧经过漫长岁月的演变发展而成的。清乾隆五十五年（1790年），徽剧三庆、四喜、春台和春合四大徽剧班陆续进京演出。在嘉庆、道光年间，徽剧班同来自湖北的汉剧艺人合作，相互交融，并接受了昆曲、秦腔的一些剧目、曲调和表演方法，还吸收了一些民间曲调，逐渐形成具有新的艺术风格和表演体系的剧种。京剧的唱腔基本属于板腔体，节奏鲜明，以西皮、二黄为主要腔调，用京胡、二胡、月琴、三弦、笛、唢呐等管弦乐器和鼓、锣、铙钹等打击乐器伴奏，在表演艺术上唱、做、念、打并重，多用虚拟性的程式动作。这一切，都是在徽戏的基础上逐渐演变而成的。可以说，京剧的成名离不开徽剧，没有徽戏就没有京剧。

小结：文化传承

徜徉徽州，我们进行了一次密集的非物质文化遗产的体验与考察。我们见证了“非遗”的精美和厚重，也体会了非物质文化遗产传承和发展的艰难。

非物质文化遗产之所以要保护，不是因为它好看，而是因为它有用！民族非物质文化遗产，包含着难以言传的意义、情感和特有的思维方式、审美习惯，蕴藏着传统文化最深的根源，保留着民族文化的原生状态。非物质文化遗产的最大特点是不脱离民族特殊的生活生产方式，是民族个性、民族审美习惯的“活”的显现。它依托于人本身而存在，以声音、形象和技艺为表现手段，并以身口相传为文化链而得以延续，是“活”的文化及其传统中最脆弱的部分。因此，对于非物质文化遗产传承的过程来说，人的传承就显得尤为重要。特别是现在我们看到的“非遗”，大部分是农耕时代形成并在相对封闭落后的地方保存下来的。这些非物质文化遗产能否在现代化的大潮中继续发挥作用，如何避免被现代性同化，是有资格继承遗产的孝子贤孙必须考虑的问题。

请你以小组为单位，以“非物质文化遗产的保护”为主题，提出建议和倡议，并与全班同学分享。

活动评价：

评价要素	评价标准	评价方式
了解知识	能说出 2～3 种徽州非物质文化遗产的名称。了解徽州非物质文化遗产的基本款式、造型技法、艺术特色	通过前课程、活动中课程、后活动课程中的学习活动评价所学
过程方法	通过参观、体验、动手操作，理解工匠精神的精髓，并能将工匠精神运用到自己的学习生活中	
情感价值观	珍惜非物质文化遗产，并能为非遗的保护做出力所能及的贡献	通过分享会、小组合作、个人反思等方式展开讨论，评估所学

参考课程方案

歙砚与徽墨

文房四宝中的徽墨、歙砚产自歙县。2006年，歙砚和徽墨同时入选首批国家级非物质文化遗产保护名录。徽墨具有拈来轻、磨来清、嗅来馨、坚如玉、研无声、一点如漆、万载存真的品质。1915年，“地球墨”——徽墨分获巴拿马万国博览会金奖和南洋劝业会优等奖；1994年，徽墨荣获第五届亚洲及太平洋地区国际博览会金奖。歙砚被南唐后主李煜视为“天下冠”，并第一次在歙州设置“砚务官”。歙砚石质坚润，文理缜密，贮水不涸，发墨如油，易于洗涤。走进历经百年沧桑的胡开文墨厂参观徽墨与歙砚的生产线，了解徽墨的配料、做墨、修墨、晾墨、描金等工序，亲手为徽墨描金一方，并装进礼品盒带回家与父母、同学分享。

歙砚

徽墨

徽墨描金研学

课程内容框架

主题：行悟徽州　领略风采

学习对象：小学生

行悟徽州　领略风采——活动课程

模块：拜访三代做墨的徽墨世家——项家，参观项氏徽墨厂、胡氏墨砚制作实训基地和歙县古城墨砚博物馆，详细了解徽墨、歙砚的制造流程。完成如下问题。

（1）亲眼观看了徽墨、歙砚的制作过程，你想说：____。

（2）亲身体验了徽墨的最后一道工序——描金，感悟到的工匠精神是____。

（3）探寻徽墨、歙砚的历史发展足迹。

主题：行悟徽州　感知书香

学习对象：初中生

行悟徽州　感知书香——活动课程

模块：拜访三代做墨的徽墨世家——项家，参观项氏徽墨厂、胡氏墨砚制作实训基地和歙县古城墨砚博物馆，详细了解徽墨、歙砚的制造流程。完成如下问题。

（1）亲眼观看了徽墨、歙砚的制作过程，你想说：____。

（2）亲身体验了徽墨的最后一道工序——描金，感悟到的工匠精神是____。

（3）探寻徽墨、歙砚的历史发展足迹。

（4）运用所学的化学知识，说出现代制墨工序中哪一道工序是化学反应。

主题：行悟徽州　寻根文化

学习对象：高中生

行悟徽州　寻根文化——活动课程

· 问题框架：科技（数学、物理、化学）

· 内容问题：你知道徽墨的制作过程吗？

模块： 拜访三代做墨的徽墨世家——项家，参观项氏徽墨厂、胡氏墨砚制作实训基地和歙县古城墨砚博物馆，详细了解徽墨、歙砚的制造流程。完成下列问题。

（1）亲眼观看了徽墨、歙砚的制作过程，你想说：____。

（2）亲身体验了徽墨的最后一道工序——描金，感悟到的工匠精神是____。

（3）作为“文房四宝”的产地，徽州可以说占有“半壁江山”。另外半壁，与徽州或者徽州文化也有着密切的关联。运用所学的历史知识，考证其缘由。

（4）假如你是一位徽墨或者歙砚的非遗传承人，请你帮助黄山市政府拟订一个《打造徽墨、歙砚特色产业集群》的实施方案。

竹雕　根雕

竹　雕

【课程目标】

1. 了解竹雕的历史沿革、艺术特色以及其在艺术市场的价值。

2. 学习并掌握竹雕工具的使用方法。

3. 培养学生对竹雕艺术的审美感受。

【课程准备】

（一）知识准备

徽州竹雕是传统“徽州四雕”之一。徽州竹雕盛行于明清时期。清代以后，随着整个徽雕工艺的发展，竹雕在内容、形式、技术等各方面都日趋丰富和完善。由于拼接工艺的创造和使用，竹雕突破了原竹大小的限制，使较大面积的竹雕成为可能，也使得竹雕器具的制作更加方便灵活。在祁西发现了一把竹制茶壶，此壶高11厘米，直径88厘米，口径45厘米，并有四个小杯相陪衬。杯子上大下小，且通身带漆，里红外黑。一壶配四杯，壶带杯，杯拥壶，相得益彰，浑然一体。此壶壶龄已有百年，妙趣之中又添古趣。

（二）物质准备：笔、笔记本、相机

（三）综合实践研究课题参考

1. 考察黄山四绝“奇松、怪石、云海、温泉”。

2. 考察黄山生物的多样性。

3. 寻找第四纪冰川遗迹。

4. 寻找黄山成为世界文化与自然双遗产的证据。

5. 考察徽州竹雕的起源。

6. 考察徽州竹雕材质的选择。

7. 考察徽州竹雕制作的技艺。

8. 分析徽州竹雕对现代建筑的影响。

……

【课程内容】

（一）确定研究课题，成立研究小组

课题名称：

年级、班级：

姓名：

课题组长：

课题组成员：

指导教师：

（二）撰写开题报告

年　　　月　　　日

<table>
<tr><td>课题题目</td><td></td><td>指导教师</td><td></td></tr>
<tr><td>课题组长</td><td></td><td>课题组成员</td><td></td></tr>
<tr><td>课题提出背景
（我选择这个课题的原因）</td><td colspan="3"></td></tr>
<tr><td>课题的有利条件</td><td colspan="3"></td></tr>
<tr><td>做该课题的
目的及意义</td><td colspan="3"></td></tr>
<tr><td>预期的成果
（论文、调研报告、制作模型、实验报告等）</td><td colspan="3"></td></tr>
<tr><td>课题研究计划</td><td colspan="3">活动计划：
（1）任务分工：
（2）活动步骤：
（3）计划访问的专家和老师：
（4）活动所需的条件：</td></tr>
</table>

（三）实地考察活动记录

<table>
<tr><td>课题名称</td><td colspan="3"></td></tr>
<tr><td>活动时间</td><td></td><td>地点</td><td></td></tr>
<tr><td>课题组长</td><td></td><td>形式</td><td></td></tr>
<tr><td>活动内容</td><td colspan="3"></td></tr>
<tr><td>活动目的</td><td colspan="3"></td></tr>
<tr><td>参与人员</td><td colspan="3"></td></tr>
<tr><td>活动分工</td><td colspan="3"></td></tr>
<tr><td>考察过程记录</td><td colspan="3"></td></tr>
</table>

小组合作学习过程中，我主要做了哪些工作？我的贡献情况如何？	
我负责的工作中，做得最好的是什么？没能完成或完成不好的是什么？哪些同学值得我学习？为什么？	
在小组交流过程中，我参与讨论的积极性如何？我提出了哪些意见和建议？（其中，哪些得到了其他同学的赞同？哪些引起了同学们的讨论？）我从其他同学的发言中受到哪些启发？	
学习过程中，我遇到的最大困难是什么？产生这些困难的原因有哪些？	
学习过程中，我有哪些感受和体会？	

根　雕

【课程目标】

1. 通过砍、锯、削、磨、雕刻、拼接和上光等手段，创作出人物、动物、景物、器物等各种艺术形象。

2. 在根雕创作过程中，培养学生的观察力、想象力、创造力和审美能力。

3. 开展简便易行的根雕创作活动，丰富学生的精神文化生活，提高学生的综合文化素养。

【课程准备】

（一）知识准备

徽州根雕的发源地是黄山市，根雕历史悠久，造型独特，深受人们的喜爱。

明清时期是徽州根雕技艺发展的成熟期，这个时期徽州根雕的艺术特点是：巧借天然贯穿于创作的始终。如枝、须、洞、节、疤、纹理、色泽、态势等，在根雕创作过程中，都尽量使这些天然特点和神韵，在已确定的艺术形象中得到合理利用和充分体现，并因材施艺，做到巧借天然，美有所用。

民国时期，根艺的制作和生产日渐衰落，许多艺人改行或转业，根雕技艺面临灭绝的境地。中华人民共和国成立以后，特别是20世纪70年代末，根艺在全国复苏并蓬勃发展，黄山市一度出现“根艺热”，涌现出一批从事根艺创作的专家和能手，并建立了根艺研究和创作的学术团体——黄山市工艺美术学会，使徽州根雕技艺得到了传承。

（二）物质准备：笔、笔记本、相机

（三）综合实践研究课题参考

1. 考察徽州根雕的起源。

2. 考察徽州根雕材质的选择。

3. 考察徽州根雕的制作技艺。

4. 分析徽州根雕对现代建筑的影响。

……

【课程内容】

（一）确定研究课题，成立研究小组

课题名称：

年级、班级：

姓名：

课题组长：

课题组成员：

指导教师：

（二）撰写开题报告

年　　月　　日

课题题目		指导教师	
课题组长		课题组成员	
课题提出背景（我选择这个课题的原因）			
课题的有利条件			
做该课题的目的及意义			
预期的成果（论文、调研报告、制作模型、实验报告等）			
课题研究计划	活动计划： （1）任务分工： （2）活动步骤： （3）计划访问的专家和老师： （4）活动所需的条件：		

（三）实地考察活动记录

课题名称			
活动时间		地点	
课题组长		形式	
活动内容			
活动目的			
参与人员			
活动分工			
考察过程记录			

小组合作学习过程中，我主要做了哪些工作？我的贡献情况如何？	
我负责的工作中，做得最好的是什么？没能完成或完成不好的是什么？哪些同学值得我学习？为什么？	
在小组交流过程中，我参与讨论的积极性如何？我提出了哪些意见和建议？（其中，哪些得到了其他同学的赞同？哪些引起了同学们的讨论？）我从其他同学的发言中受到哪些启发？	
学习过程中，我遇到的最大困难是什么？产生这些困难的原因有哪些？	
学习过程中，我有哪些感受和体会？	

附　　录

（一）中国旅游研究院复函

中国旅游研究院

黄传群先生：

您好！

您写给习近平办公室关于研学旅行的信件已经转到我院。

研学旅行是目前国家大力推动发展的一个领域，国家旅游局和教育部对此非常关注。我们完全赞同您对研学旅行重要性的认识，对于贵公司多年来在研学旅行领域做的大量工作，我们也深表敬佩。

我院长期关注研学旅行的发展，在参与研究起草《国务院关于促进旅游业改革发展的若干意见》的过程中，我们对国内外研学旅行的发展状况做了一些粗略的了解，对新形势下如何有效保障研学旅行的安全、扩大研学旅行的规模、提升研学旅行的质量进行了一些初步的探讨，一些建议已经在文件中得到了反映。

我院准备在 2015 年针对研学旅行展开进一步的研究，在推动研学旅行发展的具体原则、操作性措施等方面进行更深入的探讨。您提到的旅游“实践体验”功能、旅游与实践教育课程的关系、旅游企业在完善实践教育课程体系中的作用、旅游作为全民“终身教育”的重要形式等问题，都很重要，我们将在研究中予以重点考虑。预计在 2015 年上半年我院将形成一个关于研学旅行的专题报告，为国家有关部门提供切实的建议。

您关于成立教育旅游专业指导委员会的建议，我们也非常赞同，并将努力推动。

您的介绍让我们对贵公司开展的活动有了一个初步的了解，对此谨表谢意。如有机会，我院愿意和贵公司进行更多的交流。

中国旅游研究院

2015 年 1 月 12 日

（二）中小学研学旅行学生学习品质评价标准

《中小学生研学旅行学生学习品质评价》是北京市教育学院朝阳分院刘继玲老师在“课堂观察”研究成果基础上的大胆尝试。“观察与联想”是小学学段语文学科对学生的基本要求。教师“课堂观察”是学生学习效果评价的依据，是教师进行学科科学研究的基础，在国外文献中经常出现研究者和教师有意识并经常使用“课堂观察”的相关报道。国内自1995年引进“课堂观察”以来，其多在围墙内的学校课堂教学中应用。随着实践教育的兴起及研学旅行等课程的开发，“课堂观察”作为评价手段研究应该走入研学旅行实践教育广阔的时空情境，为学生的研学旅行评价提供有效的方法。这种大胆的尝试，解决了人生远足课程化研学旅行实践教育模式一直没有突破的瓶颈，也就是研学旅行课程评价，极具课程价值和产品价值。这是应该引起业内人士关注的项目。

本标准适用于参与北京市属中小学研学旅行课程的在校学生的学习品质评价。

中小学生研学旅行（study travel）是由教育部门和学校有计划地组织安排，通过集体旅行、集中食宿方式开展的研究性学习和旅行体验相结合的校外教育活动。

课程评价的根本目的在于获得反馈信息，以帮助教师改进教学，促进学生发展，保证课程目标的实现。

研学旅行课程在内容上具有整合性和主题性，需要及时评价与延时评价、单项评价与综合评价、过程评价与结果评价相结合。评价主体多元，评价方式多元，评价形式多元。在评价内容上，要针对学生的研学态度、研学能力和方法、研学结果等方面进行综合性评价。在评价方式上，可以采取问卷调查方式，开展学生对活动的满意度测评；定期征求、收集学生和家长对研学活动的看法和评价；建立与学校、学生及家长实时沟通的网络平台，对研学活动开展综合评价。在评价形式上，可以创新采用研学任务卡、研学任务书、研究报告、游记、研学作品等多种形式对学生进行评价。

一、学生领导力方面

·权利义务

1. 以主人翁的心态参与活动策划、研讨和落实；

2. 清晰自身职责和义务，遵守纪律，管理好自己；

3. 承担一定的工作任务，知悉工作的职权范围，恰当运用权利进行管理和服务；

4. 当管理情况复杂或遇到阻碍时，能够采用合理的方式进行应对处理。

·沟通影响

5. 能够独立思考，形成自己的观点，并吸纳他人的建议，做出合理的决策；

6. 通过演说、沟通、协商、合作等方式传达和分享自己的观点，对他人产生一定的影响。

·愿景规划

7. 在学习过程中，能够联系时代特征和人生发展，有深刻的对价值意义的思考；

8. 能够以适当的方式呈现或表达自己对社会、对人生的思考与规划。

二、学生情绪力方面

·心理认同

9. 以积极、开放、成长的心态对待学习活动；

10. 求同存异，积极拥护已达成的小组或班级共识。

·情绪控制

11. 在应对突发事件和困难障碍时，保持良好、稳定的情绪和心态；

12. 在竞争评选中保持开放、平和的情绪和心态；

13. 能够反思自己的情绪心理，保持心情愉悦、心态健康，获得成长。

三、学生学习力方面

·信息处理

14. 通过观察、记录、调研等方式科学收集和整理相关资料和信息；

15. 批判性地整合和评估信息和证据，并进行筛选。

·情境学习

16. 多感官观察和诊断现场资源及信息；

17. 在不同的场景中判别重要的学习问题和关键因素；

18. 能通过正式和非正式的方式探寻更多的人力资源、技术资源、学习方法和途径，寻求问题的解决路径。

· 思维方法

19. 能发挥想象，多向关联，触类旁通审视遇到的知识和问题；

20. 能够跳出来思考，从角度、材料、结论等方面有创造力地解决问题和呈现作品。

· 反思融合

21. 能够反思自己和他人的长处与不足，负责任地做出自评和他评；

22. 能够与课内知识对接，全面梳理研学旅行收获，融合所学。

（三）学生手册

案例一

《励志黄山　博学徽州》研学旅行手册

励志黄山　博学徽州

主题研学旅行学生手册

姓　　名：________________

班　　级：________________

小组名称：________________

目 录

前活动课程

姓名：　　　　　　　　班级：　　　　　　　　生日：

家庭住址：

联系方式：

父亲的名字：　　　　　父亲的联系方式：

母亲的名字：　　　　　母亲的联系方式：

最美好的愿望：

最拿手的本领：

最向往的活动：

最幸福的时刻：

旅行过的城市：

最崇拜的人：

所崇拜的人值得学习的品格：

最好的朋友：

前活动课程

一、研学教育指南与研学公约

1. 教育指南

文明：这是考查你的教养和修养的尺度。作为文明的学生，在研学期间你要守纪、自律、学知，要按中小学生行为规范去做，不喧哗，不说脏话。

守纪：守纪是确保安全的基础，平安是所有人的共同期盼，听从指挥与指导，牢守纪律和要求，这样就能保证自身安全并有收获。

守时：守时是一种美德，懂得珍惜时间的人不仅会珍惜自己的时间，而且会珍惜他人的时间。管理好自己的时间，合理安排自己的学习和休息，这样面对突发情况时就能轻松应对，游刃有余。遵守时间的人会赢得更多的尊重，而且会交到更多的朋友。

观察：行万里路，读万卷书。游学自古以来就是开阔视野、丰富知识、增强能力的好方式。同学们应该在实践过程中善于观察、收获知识。

自理：这次研学要做的自理，就是要收拾好自己的行装与物品，按照要求合理安排好自己的时间。

自立：滴自己的汗，吃自己的饭，自己的事自己干。

环保：喝洁净的水，呼吸新鲜的空气，这需要我们每一个人自觉保护环境，保护环境就是保护自己。环保，就是从身边的点滴做起，爱护花草树木，不乱丢废弃物，不随地吐痰，不乱写乱画。

立志：祖国山河壮丽，景色迷人，这不仅是大自然对我们的馈赠，而且是无数人环保意识的结晶，立志做一名环保小卫士，争做绿色天使。

团结：团结就是力量。大家离开父母出来参加综合社会实践，同学之间一定要团结一致、互帮互助，心往一处想，力往一处使。

互助：“人”字的一撇一捺是互相依靠的，要与同学互帮互助，帮助别人也是帮助自己，友好相处也是能力的体现。

感恩：感恩是一种美德，懂得感恩是对他人的尊重，也会得到别人的尊重。人的成长是需要别人关爱和帮助的，对这种关爱和帮助，我们应知恩、感恩、报恩！不仅仅对父母是这样，对一切关爱和帮助我们的人都应该如此。这样，你的人生路上就不会缺少爱，性情就会变得开朗，朋友也会很多。

总结：研学课程和研学活动即将结束，你有收获吗？有什么收获？请认真总结，并整理成文，变成难忘的记忆。

2. 研学公约

（1）研学活动以班级为单位，各班分成小组，再以小组为单位，选出组长，组长负责联络组员。

（2）注意安全，听从指挥，不要脱离大部队单独行动。只有自由活动时才能在指定范围内进行活动，未经允许不要单独行动，解散自习时要以小组为单位进行。

（3）尊重导师或讲解员，不在研学过程中玩手机、听歌等。认真聆听，适当记录，有序参观，做文明有礼的学生。有礼貌，文明用语挂嘴边，展现新时期学生应有的良好素质。

（4）课题选择要慎重，课题切入点巧妙，思考问题深入。认真完成任务单及小组课题研究。

（5）注意保重身体，饮食要卫生、适度。注意当地当天的气温和天气预报，以便增减衣物。穿校服，带研学团的帽子。

（6）控制使用电子产品的时间，合理利用电子产品帮助学习。行进路上不戴耳机。

（7）晚上除小组讨论以外不串宿舍，不熬夜，早休息，保证早上不迟到。

（8）带着一种学习的心态参加本次研学活动。

二、我的研学小组

姓名		小组	
小组成员			
我在小组内的职责			

三、预习课程

根据课程提前预习，提出自己的疑问，并在研学过程中寻找答案。

我想去看什么	预设解决方案

家长寄语

四、行前准备

1. 确认带好相关证件（身份证、学生证等）。

2. 带好研学手册、笔记本、文具等。

3. 带少量现金（研学之旅会安排住宿与早、中、晚餐，尽量少带或不带现金）。

4. 根据研学前会议或自行查询当地天气，带好雨具。

5. 备好相关药品（感冒药、止泻药、创可贴、晕车药等）。晕车的同学，请于发车前30分钟服用晕车药。

请根据下表准备好研学所需物品，收拾好后在表中画“√”。

相关证件		研学手册	
文具		雨具	
药物		少量现金	
换洗衣物		洗漱用品	
手机		充电设备	
其他			

小组课题准备

<table>
<tr><td colspan="3">可选课题</td></tr>
<tr><td>1</td><td colspan="2">绘制呈坎平面图</td></tr>
<tr><td>2</td><td colspan="2">渔梁坝为何被称为“江南第一都江堰”</td></tr>
<tr><td>3</td><td colspan="2">徽州饮食文化研究</td></tr>
<tr><td>4</td><td colspan="2">黄梅戏的起源与发展</td></tr>
<tr><td>5</td><td colspan="2">黄山奇松怪石形成的原因</td></tr>
<tr><td>6</td><td colspan="2">通过小组提前预习，自拟研究课题</td></tr>
<tr><td colspan="2">小组所选课题/自拟课题</td><td></td></tr>
<tr><td colspan="2">我在小组研究中负责的工作</td><td></td></tr>
<tr><td colspan="2">我应该如何准备这项工作</td><td></td></tr>
</table>

研学课程

研学课程表

日期	研学基地	主要研学内容
11月9日	呈坎	发掘呈坎的历史文化气息，探究罗氏族人仿照曲阜孔庙祭祀礼仪的原因。认知并践行民俗农事，知道晒秋习俗的来历，培养热爱劳动、以积极参加劳动为荣的情感
11月10日	徽州古城	了解府衙建筑的特点，赏东方的“凯旋门”，了解其上雕刻内容的含义。走进陶行知纪念馆，品陶行知先生的教育理念，在渔梁坝了解徽商的起源与渔梁坝水利工程
	胡开文墨厂	学习制作徽墨的流程及方法，动手为徽墨描金
	黄梅戏	赏黄梅戏，学黄梅戏，走上舞台与黄梅戏老师互动，为同学演唱一段黄梅戏选段

日期	研学基地	主要研学内容
11月11日	黄山	登黄山，赏黄山奇景，品黄山诗词，克服困难登上黄山顶峰，感悟“世上之事有难易乎”，只要坚持不懈就能成功
	屯溪老街	漫步“流动的清明上河图”，找寻属于徽州独有的风物特产
11月12日	状元博物馆	品状元文化，了解古代科举制度，感悟高中状元需要经历的艰辛历程，反思自身，为自己确立未来的目标
	新安江	乘坐游船，行走徽商的黄金水道，了解首个跨省生态流域保护机制，欣赏新安山水风光

一、研学诗词品读

《望黄山诸峰》

唐　释岛云

峰峰寒列簇芙蕖，静想嵩阳秀不如。
峭拔虽传三十六，参差何啻一千余。
浮丘处处留丹灶，黄帝层层隐玉书。
终待登临最高顶，便随鸾鹤五云车。

《因公檄按游黄山》

宋　吴黯

倏忽云烟化杳冥，峰峦随水入丹青。
地连药鼎汤泉沸，山带龙须草树腥。
半壁绛霞幽洞邃，一川寒雹古湫灵。
霓旌去后无消息，犹有仙韶动俗听。

《送温处士归黄山白鹅峰旧居》

唐　李白

黄山四千仞，三十二莲峰。
丹崖夹石柱，菡萏金芙蓉。

伊昔升绝顶，下窥天目松。
仙人炼玉处，羽化留馀踪。
亦闻温伯雪，独往今相逢。
采秀辞五岳，攀岩历万重。
归休白鹅岭，渴饮丹砂井。
凤吹我时来，云车尔当整。
去去陵阳东，行行芳桂丛。
回溪十六度，碧嶂尽晴空。
他日还相访，乘桥蹑彩虹。

研学课程

第一日

日期： 天气： 心情：

早晨，我们在学校集合，乘坐大巴车前往北京南站，乘坐高铁前往南京，开始我们为期四天的研学之旅。

问题1：我的朋友与我在本次研学活动中，乘坐同一辆高铁从北京南前往南京。列车从北京南出发时间为______时______分，他于当天______时______分在________站下车，通过我的查询，他本次旅程是________km，我的朋友乘坐该次列车的平均速度是________km/h。

问题2：在高铁上观察各班同学的行为习惯，你发现了哪些不良行为？或者你认为自己有哪些不足？请写在下面。

问题3：在高铁上你是否对本次研学再次进行了预习？是否又有新的疑问？请记录在下面。

呈　坎

呈坎，别名“八卦村”。其被朱熹誉为“呈坎双贤里，江南第一村”。

呈坎古名龙溪，自唐末江西南昌府秋隐、文昌罗氏二兄弟举家迁此“择地筑是而居”易名呈坎以来，已有一千多年历史，是我国现今保存最完好的古村落之一。

呈坎依山傍水，融自然山水为一体，聚集着不同风格的亭、台、楼、阁、桥、井、祠、社及民居，全村现保存着明清建筑100余处。

精美的石雕、砖雕、木雕、彩绘将徽州古建筑艺术的古、大、美、雅体现得淋漓尽致，被中外专家和游人誉为“中国古建筑艺术博物馆”。

问题1：呈坎村中有着精美的石雕、砖雕、木雕等，在你行走呈坎的过程中，哪处石雕、砖雕、木雕或彩绘给予了你深刻的印象？或是让你眼前一亮？请拍下来，并说明为何它会给你留下深刻的印象或让你眼前一亮。

问题2：通过本次研学课程的学习，请说明呈坎别名为何是“八卦村”，它的整体布局具有哪些特点?

问题3：罗氏族人对罗东舒的祭祀是仿照曲阜孔庙的礼仪，这在徽州祠堂中是不多见的，请分析其中的原因。

自我评价：

第二日

日期： 天气： 心情：

徽州古城

徽州古城，又名歙县古城，古称新安郡，位于安徽省黄山市歙县徽城镇，总占地面积24.7平方公里。古城始建于秦朝，自唐代以来，一直是徽郡、州、府治所在地，故县治与府治同在一座城内，形成了城套城的独特风格。徽州古城是中国三大地方学派之一“徽学”的发祥地，被誉为“东南邹鲁、礼仪之邦”。

徽州古城分内城、外廓，有东、西、南、北4个门。此外还保留着瓮城、城门、古街、古巷等。

城内景区包括徽园、渔梁坝、许国石坊、斗山街、陶行知纪念馆、新安碑园、太白楼等七处，覆盖了新安理学、徽派朴学、新安医学、新安画派、徽派版画、徽派篆刻、徽剧、徽商、徽派建筑、徽州“四雕”、徽菜、徽州茶道、徽州方言等徽州文化。

徽州古城是保存完好的中国四大古城之一，1986年被国务院列为国家历史文化名城，2014年被列入国家5A级景区古徽州文化旅游区的组成部分。

问题1：许国石坊东南西北四面雕刻的图案分别是什么？有什么含义？

我所看到的奇景	我对它的介绍

问题2：徽州府衙从哪些地方体现了徽派建筑的精髓？

问题3：你所品味到的陶行知教育理念有哪些？

问题4：你认为渔梁坝为何被称为徽商之源？

徽　墨

徽墨，安徽省黄山市、宣城市特产，国家地理标志产品。

徽墨有落纸如漆、色泽黑润、经久不褪、纸笔不胶、香味浓郁、奉肌腻理等特点，素有拈来轻、磨来清、嗅来馨、坚如玉、研无声、一点如漆、万载存真的美誉。

问题1：展示一下你的徽墨描金作品。

问题2：徽墨需要经过多少道工序，经历多久才能制成呢？

今日收获：

自我评价：

第三日

日期： 天气： 心情：

黄 山

黄山是世界文化与自然双重遗产，世界地质公园，国家5A级旅游景区，国家级风景名胜区，全国文明风景旅游区示范点，中华十大名山，天下第一奇山。

黄山位于安徽省南部黄山市境内，有72峰，主峰莲花峰海拔约1864

米，与光明顶、天都峰并称黄山三大主峰，为36大峰之一。黄山原名“黟山”，因峰岩青黑，遥望苍黛而得名。后因传说轩辕黄帝曾在此炼丹，故改名为“黄山”。黄山代表景观有“四绝三瀑”，四绝：奇松、怪石、云海、温泉；三瀑：人字瀑、百丈泉、九龙瀑。明朝旅行家徐霞客登临黄山时赞叹：“薄海内外之名山，无如徽之黄山。登黄山，天下无山，观止矣！”被后人引申为“五岳归来不看山，黄山归来不看岳”。

问题1：今天你看到了黄山的哪些奇景？请记录下来并用两句话简单介绍一下。

我所看到的奇景	我对它的介绍

问题2：通过你在研学过程中的学习、观察、感受，请说一说为何说“黄山归来不看岳”。

问题2：徒步登山的过程是对大家体力与毅力的一种考验，同时它可以增强我们的凝聚力，使每位同学在登山过程中学会团结协作、互相帮助，磨炼我们的意志，以及克服困难、不放弃实现梦想的精神。还可以让久居学校的同学亲近大自然，领略黄山的壮阔宏美。那么在高耸的光明顶或是在沿途攀爬的路上，你有什么新的发现或是感悟呢？

屯溪老街

屯溪老街坐落在安徽省黄山市屯溪区中心地段，北面依山，南面傍水，全长1272米，精华部分853米，宽5至8米，包括1条直街、3条横街和18条小巷。屯溪花街由不同年代建成的300余幢徽派建筑构成，呈鱼骨架形分布，西部狭窄，东部较宽。因屯溪老街坐落在横江、率水和新安江三江汇流之处，所以又被称为流动的“清明上河图”，是中国保存最完整、最具南宋和明清建筑风格的古代街市，也是中国“全国重点文物保护单位”。2009年，屯溪老街与北京国子监街、苏州平江路一同当选为“中国历史文化名街”。

问题1：试着分析屯溪老街的建筑及布局特点。

问题2：在屯溪老街你找到了哪些风物特产？

今日收获：

自我评价：

第四日

日期：　　　　　天气：　　　　　心情：

中国状元博物馆

状元博物馆

中国状元博物馆有状元文化类珍贵藏品约550件，目前至少有10件称得上是镇馆之宝。据休宁县文物局局长兼中国状元博物馆馆长汪涛介绍，这些经过文物专家们认定的镇馆之宝是：休宁状元黄思永殿试试卷、乡试题目刻印实帖、洛阳状元胜迹图、御赐休宁状元黄轩“福”字匾、御赐休宁八品顶戴军功牌和御赐休宁状元金德瑛“福”字立轴等。

科举制度

科举制度是中国古代通过考试选拔官吏的制度，由于采用分科取士的办法，所以叫作科举。士子应举，原则上允许“投牒自进”，不必非由公卿大臣或州郡长官特别推荐。这一点是科举制最主要的特点，也是与察举制最根本的区别。

明清两代，考试分乡试、会试、殿试三级。乡试每三年一次，在各省举行，录取后再参加由中央组织的会试。乡试录取者称为举人，第一名称为解元。举人可于第二年进京参加中央举行的会试。会试录取者称贡士或进士，第一名称会元。殿试在会试后的同年4月21日举行。凡贡士均可参加殿试，由皇帝亲自主持，分三甲录取。一甲三人称“进士及第”，二甲若干人为“进士出身”，三甲若干人为“同进士出身”，一甲第一名称状元，如果乡试、会试、殿试均考取第一名（解元、会元、状元），俗称“连中三元”，一甲第二名称榜眼，第三名称探花，合称三鼎甲。

科举制改善了之前的用人制度，彻底打破了血缘世袭关系和世族的垄断。“朝为田舍郎，暮登天子堂”，部分有能力的社会中下层读书人可以进入社会上层，获得施展才智的机会。但后期科举制度从内容到形式严重束缚了应考者，使许多人不讲求实际学问，束缚了思想。

在中国，科举制从隋朝（或唐朝）开始实行，直至清光绪三十一年（1905年）举行最后一科进士考试为止（世界上最后一届科举考试结束于1919年的越南阮朝），前后经历了一千三百余年，成为世界延续时间最长的选拔人才的办法。中国古代规模最大的科举考场为江南贡院，占地30余万平方米。中国科举博物馆是中国唯一以反映中国科举考试制度为内容的专业性博物馆，也是中国科举制度中心、中国科举文化中心和中国科举文物收藏中心。

问题1：你认为，科举考试对后世的影响有哪些？

问题2：科举考试的考试内容有哪些？考试的题型包括什么？难易程度如何？

题型	
难易程度	

问题3：请你想一想，如果自己以现在的状态去参加科举考试，结果会怎么样？如果你想要考取状元，那么现在的你还有哪些需要改进的地方？

新安江

新安江发源于安徽省休宁县与江西省交界处的五股尖山，有两大支流，南支称率水（现代水文作为正源），北支称横江，于屯溪区附近的老桥下汇合后，始称新安江。传统上以黟县南端的横江作为新安江之正源。其干流经休宁县、歙县，至街口入浙江省新安江水库。

在休宁县境内，新安江两大支流（河源）率水与横江，分别在南部和北部，自西向东横贯全境。

在歙县境内，以新安江命名的干流段，自本县浦口，流经南源口、坑口、漳潭、深渡、小川、三港、溪口至街口入浙江。县境内长54.6公里，流域面积2585平方公里，江面宽90～180米，坡

降0.1‰，多年平均流量236立方米/秒，年径流总量74.55亿立方米（1953—1957年街口站测），河床淤积砂卵石。据新安江水库水文站资料载：“1974年对新安江街口断面河床测定，比1959年淤积增高8.84米，小金山以上河段，总淤积量达1971.6万立方米。”

在屯溪区境内，新安江干流境内流长7.53公里，自屯溪桥率水合横江水而东下。率水与横江汇合后称渐江，今称为新安江。新安江流经市区，由篁墩出境，境内河道长9.83公里，流经盆谷平原，地势平坦，河床落差小，水流较平缓。河面开阔，洪水期江面宽可达300～800米。

新安江是黄山—歙县—千岛湖黄金旅游线上一颗璀璨的明珠。新安江是徽商的母亲河，它以中国独特的徽文化与自然风光、古村落的美妙结合著称于世。两岸生态环境极佳，呈现“高山林、中山茶、低山果、水中鱼”的立体生态格局，与掩映其间的古村落、古民居交相辉映，构成了一幅秀丽的世外桃源图。

山水画廊新安江激发了诗仙李白的灵感，他边游边吟：“清溪清我心，水色异诸水。借问新安江，见底何如此。人行明镜中，鸟度屏风里。向晚猩猩啼，空悲远游子。”

问题1：请调查了解新安江水污染问题，深入挖掘水污染的来源、现状及对人身体健康的影响，提出合理的防治污染的措施。

问题2：新安江为何被称为徽商黄金水道？

满载而归

我们即将乘坐高铁返回北京，在这一刻，你有哪些感受？这里有哪些地方令你流连忘返？

请写下一篇游记，记录你这几天在南京、苏州、杭州的收获及见闻吧！

研学精彩瞬间

请记录下在你与同学们共同度过的这六天中的美好瞬间（写文字或粘贴照片）。

第一天

第二天

第三天

第四天

第五天

第六天

教师及辅导员联系方式

教师及辅导员姓名	联系方式

案例二

大专院校
“弘扬传统文化、缅怀革命先烈”
主题研学

姓　　名：________________________

班　　级：________________________

小组名称：________________________

目　录

第一章 自我简介

<table>
<tr><td rowspan="4">粘贴照片处</td><td>姓名：</td><td>性别：</td></tr>
<tr><td>星座：</td><td>血型：</td></tr>
<tr><td colspan="2">个人爱好：</td></tr>
<tr><td colspan="2">兴趣特长：</td></tr>
<tr><td colspan="3">自我描述：</td></tr>
<tr><td colspan="3">对研学的期待：</td></tr>
</table>

第二章　重要联系人及联系电话

班主任老师电话：	领队电话：
当地辅导员电话：	家长电话：

本小组成员名单及联系电话

组长：

组员：

组员通讯录

姓　名	手　机	姓　名	手　机

第三章 教育指南

文明：这是检查你的教养和修养的尺度哦！作为文明学生，你们在研学期间要守纪、自律、学知，要按照中小学生行为规范去做，不喧哗、不说脏话。

守纪：守纪是确保安全的基础，平安是所有人的共同期盼，听从指挥与指导，牢守纪律和要求，就会有安全与收获。

守时：守时是一种美德，懂得珍惜时间的人，不仅会珍惜自己的时间，还会珍惜他人的时间，管理好自己的时间，合理安排自己的学习和休息，当面对突发情况时就能轻松应对，游刃有余。遵守时间的人，会赢得更多的尊重，而且会交到更多的朋友。

观察：行千里路，读万卷书。游学自古以来就是开阔视野、丰富知识、增强能力的好方式。同学们应该在实践的过程中善于观察，收获知识。

自理：这次研学要做到的自理，就是要收拾好自己的行装与物品，按照要求合理安排好自己的时间。

自立：滴自己的汗，吃自己的饭，自己的事自己干。靠天，靠地，靠父母，不算是好汉！

环保：喝洁净的水，呼吸新鲜的空气，这需要我们每一个人自觉保护环境，保护环境就是保护自己。环保，就是从身边的点滴做起，爱护花草树木，不乱丢废弃物，不随地吐痰，不乱写乱画。

立志：祖国山河壮丽，景色迷人，这不仅是大自然对我们的馈赠，也是无数人环保意识的结晶。我们要立志做一名环保小卫士，争做绿色天使。

团结：团结就是力量，大家离开父母出来参加综合社会实践，同学之间一定要团结一致、互帮互助，心往一处想，力往一处使。

互助：“人”字一撇一捺是互相依靠的，我们要与同学互帮互助，帮助别人也是帮助自己，友好相处也是能力的体现。

感恩：感恩是人类的美德，懂得感恩是对他人的尊重并会得到别人的尊重。人的成长需要别人的关爱和帮助，对这种关爱和帮助我们应知恩、感恩、报恩！不仅仅对父母应该这样，对一切关爱和帮助我们的人都应该如此。这样，人生路上就不会缺少爱，性情就会开朗，朋友也就多。

总结：综合社会实践教育课程研学活动即将结束，你有收获吗？有什么收获？请认真总结，并整理成文，让它变成难忘的记忆！

第四章　研学安排

研学课程目标

（1）走进渡江战役纪念馆与新四军军部旧址，品味老一辈革命者为构建新中国浴血奋战的历程，感悟现今幸福生活的来之不易，激发学生的爱国主义热情；

（2）登临世界文化与自然遗产、世界地质公园——黄山，从地理、生物、文学、书法、艺术等多层面对其进行解读，对大好河山生成深层次综合性认知；

（3）走进徽州，接触与敦煌学、藏学并称中国三大地方显学的徽学，了解徽州文化的成因与成就，以及其对历史、文化、艺术等所带来的影响；

（4）山河之美、文化之盛在给学生带来直观感受的同时，在体验与活动中引发学生的思考，使他们认知自我。

行程安排

时间	研学课程安排	用餐	住宿
第一天 7.1 周一	北京—合肥（火车硬卧） 19:30—20:30研学启程，学校门口乘坐大巴车前往北京火车站； 20:30抵达火车站，按顺序安检进入候车大厅； 21:20检票上车； 21:50—07:42+1乘坐火车卧铺前往研学课程基地——合肥。 【车次：北京—合肥Z225次（21:50—07:42）】	///	火车上
第二天 7.2 周二	合肥—屯溪 07:40—08:00抵达合肥，有序乘坐大巴车； 08:00—08:30早餐； 08:30—09:00车赴包公祠；	早中晚	锦园国际酒店

时间	研学课程安排	用餐	住宿
第二天 7.2 周二	09:00—10:00中华传统文化教育课程——【包孝肃公祠】 包公祠保存着包拯及其家族大量珍贵的文物、史料。 10:00—10:30车赴渡江战役纪念馆； 10:30—11:30爱国主义教育课程——【渡江战役纪念馆】； 渡江战役是中国人民解放军实施战略追击的第一个战役，也是向全国进军作战的伟大起点。 11:30—12:30合肥中餐； 13:00—17:00车赴徽州，徽州文化知识小科普； 17:00—18:00屯溪晚餐——学做包袱饺； 18:00—18:30入住酒店，辅导员协助学员整理游学日记，记录研学收获。	早中晚	锦园国际酒店
第三天 7.3 周三	屯溪—黄山—屯溪 06:30起床； 07:00早餐； 07:30—08:30车赴黄山； 08:30—09:00换乘景交上山； 09:00—16:00世界文化与自然遗产，生态文化课程——黄山世界地质公园（含单程索道，中餐为打包餐） 攀登世界文化与自然双遗产黄山，从地质、生物、文学、书法等各层面品读黄山，勇登高峰，挑战自我，磨砺意志，强化团队精神。沿玉屏楼—迎客松—莲花新道—百步云梯—一线天—鳌鱼峰—光明顶—北海梦笔生花—始信峰一路行走，奇松怪石，风景无限，感叹造化之奇妙，思考探究这座奇山带给我们的无尽课题。随机采访环卫工人，将黄山的壮美与精神铭记于心。 16:00—17:00车赴餐厅； 17:00—18:00晚餐，徽商故里； 18:30—19:30非物质文化遗产体验课程——聆听并学唱黄梅戏，感受传统艺术魅力（黄梅戏专业老师，戴妆表演） 1）黄梅戏经典选段鉴赏 2）黄梅戏授课：历史渊源/唱腔解读/角色阐述/经典曲目背景等 3）黄梅戏经典曲目欣赏和学唱（学生参与） 20:00—20:30返回酒店。	早中晚	锦园国际酒店

时间	研学课程安排	用餐	住宿
第四天 7.4 周四	屯溪—歙县—岩寺—屯溪 07:00起床； 07:30早餐； 08:00—08:50车赴歙县； 08:50—10:00徽文化研学课程——竹山书院“百人齐诵千字文”； 竹山礼圣活动体验：竹山书院旁，领略徽州重教育的理念。歙县雄村竹山书院，承继先贤之志，重启道统，开圣贤明心之教，愿以纯粹之心，效法先圣、立身行道，今竹山书院学人齐聚圣殿，以诚敬之心，向至圣先师孔子致礼，祈愿大众，修身明德、共倡圣学。 10:30—12:00徽文化研学课程——徽州古城探古今； “走近陶行知”研学课程——生活即教育，社会即学校； 跟随辅导员依次参观徽州府衙、徽州古城墙、徽园、许国牌坊、陶行知纪念馆等，完成探究课题。 12:00—12:10车赴餐厅； 12:10—13:10午餐； 13:10—14:00车赴新四军军部旧址； 14:00—15:30爱国主义教育课程——参观岩寺新四军军部旧址纪念馆； 爱国主义研学课程——“徽州传红色，激情唱军歌”； 新四军在岩寺点燃了东进抗日的燎原之火，这一革命旧址为进行历史教育、爱国主义教育、革命传统教育、国防教育等提供了历史的见证。 15:30—16:00车赴新安江滨水旅游区 16:00—17:00生态体验课程——乘坐游船探寻新安江水系； 新安江水利探究——新安江水似翡翠，山如玉簪，既有漓江之胜，又有三峡之奇，像一条熠熠闪光的青罗带，飘逸在千山万壑之间。 17:00—17:30车赴餐厅	早中晚	锦园国际酒店

时间	研学课程安排	用餐	住宿
	17:30—18:30餐厅—徽文化研学课程明档点菜——“点徽菜，我做主”； 18:30—19:30徽文化课程——屯溪老街； 古风依然，旗幌飘飘，调查和了解徽州风物特产，寻找徽商老字号。 19:30—20:00返回酒店。	早中晚	锦园国际酒店
第五天 7.5 周五	黄山—北京 07:00起床并退房； 07:30早餐； 08:00—08:30屯溪（车程20分钟）——糕饼博物馆； 08:30—10:00体验课程——糕饼博物馆； 1. 跟随参观学习，了解徽州糕饼传奇； 2. 体验烧饼制作，带回伴手礼。 10:00—11:30徽文化课程——徽州文化博物馆； 跟随讲解员参观探究，研读徽文化，全面解读徽州文化的历史和主要内容。 11:30—12:30午餐； 12:30—13:00车赴高铁站，按顺序安检进入； 14:33—21:08乘坐高铁二等座返回北京； 【车次：G270次（14:33—21:08）】 21:08—21:30抵达北京火车站，出站并由专车送至学校。	早中/	///

第五章　研学课程

中华传统文化教育课程——包公祠

·课程引航

合肥包公祠的全称为“包孝肃公祠”，是祭祀包拯的专祠。“孝肃”二字是宋仁宗在包公死后赐给他的谥号，以评价和肯定包公的忠孝一生。包公祠背靠合肥老城区的环城南路，三面临水，莲荷盈盈，绿树掩映。包拯是人们传颂的清官典型，包公祠也因此闻名遐迩，其与逍遥津、明教寺合称为合肥三大古迹。

包公祠正堂

包公祠位于包公文化园内的香花墩上，据《庐州府志》记载："香花墩，在城东南门外濠中，是包公青少年读书处，本为公祠，蒲苇数重，鱼凫上下，长桥径渡，竹树阴翳。"另据碑文记载：包河小洲上原有一座小庙，明朝弘治元年（公元1488年），庐州知府宋鉴（字克明）见小洲环境风景幽雅，遂将小庙拆除，改建为"包公书院"，并改洲名为"香花墩"。1539年，御史杨瞻把"包公书院"易名为"包公祠"。

太平天国时期，合肥包公祠毁于战火。光绪八年（公元1882年），李鸿章筹白银2800两加以重建，规模依旧，只增添了东西两院。祠堂落成之时，李鸿章曾写一匾额，不料中心位置已被其兄，时任湖广总督，因母丧居家的李瀚章捷足先登，挂上"色正芒寒"的横匾。李鸿章不好相争，又不愿屈居偏旁，只得另写一篇《重修包孝肃公祠记》刻石于祠后。这块碑文如今已移到享堂正殿左侧。今天我们看到的祠堂建筑就是清代光绪年间由李鸿章筹银重建的。

· **研学课题**

1. 阐述包公生平，结合其生平故事说明后人为何为其修建祠堂。

2. 分析包公祠内建筑与布局的特点。

爱国主义教育课程——渡江战役纪念馆

渡江战役纪念馆

· 课程引航

渡江战役纪念馆于2008年10月26日在安徽省合肥市滨湖新区的巢湖之滨正式开工建设，该项目建设规划用地面积约22万平方米，纪念馆主体建筑面积约2万平方米，规划场地成半岛状突出巢湖，犹如一艘乘风破浪的巨型战舰，纪念馆已于2012年4月份正式开馆。

渡江战役是中国人民解放军实

施战略追击的第一个战役，也是向全国进军作战的伟大起点。以邓小平同志为首的渡江战役总前委就驻扎在肥东县撮镇瑶岗村。渡江战役纪念馆是和辽沈、平津、淮海三大战役纪念馆等同规模的国家一流纪念馆。

2017年3月，渡江战役纪念馆被中国共产党中央委员会宣传部命名为全国爱国主义教育示范基地。

·研学课题

1. 纪念馆向人们展示了解放战争时期中国共产党军队在长江中下游地区进行的战略性进攻战役的珍贵资料。请记录下其中2到3项珍贵资料，并结合研学中所学的知识说明你所学到的有关渡江战役的相关知识。

珍贵资料展示内容	我所学到的渡江战役相关知识

2. 渡江战役纪念馆的外观设计具有哪些深刻的内涵？

文化体验活动课程——舌尖上的徽州

·课程引航

徽菜

特色徽菜

徽菜菜系又称“安徽菜”，是中国八大菜系之一。安徽菜应由徽州菜、沿江菜和沿淮菜构成。徽菜起源于南宋时期的徽州府（由现在的黄山市、江西省婺源县，以及安徽省宣城市绩溪县组成）。徽菜是古徽州的地方特色，其独特的地理人文环境赋予徽菜独有的味道，由于明清徽商的崛起，这种地方风味逐渐进入市肆，流传于苏、浙、赣、闽、沪、鄂以至长江中、下游区域，具有广泛的影响，明清时期一度居于八大菜系之首。其代表菜品：徽州毛豆腐、红烧臭鳜鱼、火腿炖甲鱼、红烧果子狸、腌鲜鳜鱼、黄山炖鸽等等。

宋高宗曾问歙味于学士汪藻，汪藻举梅圣俞诗对答“雪天牛尾狸，沙地马蹄鳖”。牛尾狸即果子狸，又名白额。据《徽州府志》记载，早在南宋间，用徽州山区特产“沙地马蹄鳖，雪天牛尾狸”做菜已闻名各地。

徽菜起源于徽州府城歙县（古徽州），徽菜发端于唐宋，兴盛于明清，民国年间徽菜在绩溪进一步发展。安徽省绩溪县被授予“中国徽菜之乡”称号，每年均举办国际徽菜饮食文化节。

·研学活动说明

1. 以小组为单位；
2. 规定组内每人点餐金额标准；
3. 组内每一位学生参与；
4. 每组点餐最终不足部分不予退还，超出部分自行支付。

·研学课题

1. 自己所在小组所点的菜肴有哪些？

2. 通过亲口品尝，说明徽菜具有哪些特点。

跨学科综合实践活动课程——黄山

·课程引航

黄山云海

黄山为三山五岳中三山之一，徐霞客曾两次游黄山，赞叹：“薄海内外之名山，无如徽之黄山。登黄山，天下无山，观止矣！”后人引申为“五岳归来不看山，黄山归来不看岳。”

黄山集中国各大名山的美景于一身，以奇松、怪石、云海、温泉“四绝”著称于世，现在冬雪则成为黄山第五绝。黄山不仅自然景观奇特，而且文化底蕴深厚，传轩辕黄帝曾在此炼丹，所以黄山非但以景取胜，还是几千年来道家仙士的常游之所。李白等大诗人也在此留下了壮美诗篇。

黄山千峰竞秀，万壑峥嵘。有名可指的就有72山峰，其中“莲花”“光明顶”“天都”三大主峰，海拔均在1800米以上，拔地极天，气势磅礴，雄姿灵秀。黄山原名“黟山”，因山峰和岩石遥望青黑而得名。因传说轩辕黄帝曾在此采药炼丹，得道成仙，唐玄宗于是在天宝六年（公元747年）改“黟山”为“黄山”。千余年来，黄山积淀了浓郁的黄帝文化，轩辕峰、炼丹峰、容成峰、浮丘峰、丹井、洗药溪、晒药台等景名都与黄帝有关。

·研学课题

1. 请阐述黄山的地质地貌特点。

2. 搜集描写黄山的著名古诗。

3. 黄山拥有奇松、怪石、云海、温泉、冬雪“五绝”，那么请结合不同学科分析黄山的奇松、怪石、云海的形成原因。

4. 请记录下自己经过不懈努力攀登到黄山顶峰时的感受。

徽文化课程——雄村竹山书院

·课程引航

竹山书院始建于清代乾隆二十年（1755年），已存大部分建筑均为原结构。书院是清代雄村曹氏族人讲学之所，且具有教化之功能。清初徽商曹氏经营盐业，到了曹堇饴这代时，曹家已经富甲天下。然而，曹堇饴有着浓厚的儒家情怀，在其病榻弥留人间之际，他命两个儿子曹景廷、曹景宸在竹溪建文阁，于是创立了竹山书院。

明清时期徽商兴盛，徽州的教育十分发达，一府六县共建书院55所，雄村曹氏是新安望族，清初业盐，为两淮八总商之一。同时，明清两代曹氏有进士、举人53名，其中有户部尚书曹文埴、军机大臣曹振镛等。竹山书院建成时期正值中国古典园林的成熟后期，也正是徽州造园活动的鼎盛时期。

·研学课题

1. 简述竹山书院的建筑特点。

2. 请介绍一下你在竹山书院所学的汉礼。

3. 浅析曹氏族人的教育方法。

徽文化体验活动课程——徽州古城

·课程引航

徽州古城，又名歙县古城，古称新安郡，位于安徽省黄山市歙县徽城镇，总占地面积约24.7平方公里。古城始建于秦朝，自唐代以来，一直是徽郡、州、府治所在地，故县治与府治同在一座城内形成了城套城的独特风格。徽州古城是中国三大地方学派之一的“徽学”发祥地，被誉为“东南邹鲁、礼仪之邦”。

徽州古城分内城、外廓，有东西南北4个门，还保留着瓮城、城门、古街、古巷等。

城内包含徽园、渔梁坝、许国石坊斗山街、陶行知纪念馆、新安碑园、太白楼等七处，覆盖了新安理学、徽派朴学、新安医学、新安画派、徽派版画、徽派篆刻、徽剧、徽商、徽派建筑、徽州“四雕”、徽菜、徽州茶道、徽州方言等徽州文化。

徽州古城是保存完好的中国四大古城之一，1986年被国务院列为国家历史文化名城，2014年被列入国家5A级景区古徽州文化旅游区的组成部分。

·研学课题

1. 简述徽州古城内徽州县衙的布局特点。

2. 许国牌坊具有哪些建筑特点？

3. 陶行知先生被称为“万世师表”的原因是什么？用自己的话阐述陶行知先生的教育理念。

爱国主义教育课程——岩寺新四军军部旧址

· 课程引航

新四军军部旧址纪念馆位于环境优美的泾县云岭镇罗里村，1962年纪念馆筹建，包括军部司令部、军部大会堂、中共中央东南局、修械所、政治部、教导队、战地服务团、烈士墓和叶挺桥等十处旧址。

它是全国首批重点文物单位，是全国保存最完整的革命旧址群之一，也是中国近现代八大重要史迹之一。

· 研学课题

1. 简述新四军在中国近现代史上为新中国成立所做出的卓越贡献。

2. 选择一名新四军著名将领，并简单描述其生平事迹。

3. 简述新四军在中国近现代史上参与过的重大战役，并说明此次战役的经过及结果。

文化体验课程——新安江水系

·课程引航

新安江，又称徽港，是钱塘江水系干流上游段，发源于安徽徽州（今黄山市）休宁县境内，东入浙江省西部，经淳安至建德，与兰江汇合后为钱塘江干流桐江段、富春江段，东北流入钱塘江，是钱塘江正源。全流长373公里，流域面积1.1万多平方公里。

新安江水力资源较为丰富，流域内有丰乐、新安江两座水库。解放前其航运由屯溪直达杭州，解放后水库截断航线，航运几乎停顿。

新安江素以水色佳美著称。沿江有白沙大桥、朱池、落凤山、千岛湖、梅城、刘长卿别墅、双塔凌云、新安江水库等胜迹。新安江作为国家级风景名胜区，有“奇山异水，天下独绝”之称。

· **研学课题**

1. 简述新安江水文特点。

2. 新安江畔，徽州照壁上记录了徽州哪些名人？选二到三位，简述其生平及对后世的影响。

3. 在新安江畔留下你与同学的美好瞬间。

文化体验活动课程——黄梅戏

·课程引航

黄梅戏，原名黄梅调、采茶戏等，起源于湖北黄梅，发展壮大于安徽安庆。

黄梅戏与京剧、越剧、评剧、豫剧并称“中国五大戏曲剧种”，也是安徽省的主要地方戏曲剧种，湖北、江西、福建、浙江、江苏、香港、台湾等地亦有黄梅戏的专业或业余的演出团体，其受到广泛的欢迎。

黄梅戏唱腔淳朴流畅，以明快抒情见长，具有丰富的表现力；表演质朴细致，以真实活泼著称。一曲《天仙配》让黄梅戏流行于大江南北，在海外亦有较高的声誉。

2006年5月20日，黄梅戏经国务院批准被列入第一批国家级非物质文化遗产名录。

·研学课题

1. 简述黄梅戏的起源与发展。

2. 黄梅戏的唱腔与身段具有哪些特点？

3. 黄梅戏有哪些经典曲目？你听过哪一个，并记录下自己在欣赏黄梅戏时的感受。

文化体验活动课程——糕饼博物馆

·课程引航

作为我国首家糕饼主题文化博物馆——徽州糕饼博物馆，分三层七大展区，是集徽州食品历史展示、制作工艺展演、游客参观体验和购物于一体的大型主题文化观览体验中心。

“这是一个文化与旅游深度融合，又契合市场转型需求的新型业态。”胡国训认为，美食博物馆作为一种公益性可盈利的商业模式，在西方已得到基本验证，属于现代城市新的基础设施之一，亦可提高城市的品味，增加其软实力。此外，中国乃美食大国，但食品安全、卫生状况堪忧，政府主导的食品博物馆以绿色食品为原料，可观可食，既有利于特色美食文明的传承，亦可引导相关行业的发展。

“徽州的特色糕饼非常多，这从一个侧面体现了徽文化的博大精深。”据了解，徽州糕饼博物馆开馆至今接待海内外游客已破6万大关，成为黄山文化旅游业的又一新亮点。

徽州糕饼博物馆共有3层，分为“一生一世”“一年四季”“一间教室”“一个车间”“一次体验”五个展区，共有糕饼文化、观光工厂、糕饼DIY、糕饼展售、休闲水吧五个区。整个博物馆借鉴了台湾观光工厂的模式，将生产制造的工厂加入观光旅游的搭配，以求让更多的消费者能够以观光的形式认识多元的文化产业。

· 研学课题

1. 在这里，你亲自动手制作了哪种糕点？这种糕点的制作步骤是什么？它从哪些方面体现出徽州的饮食文化特点？

徽文化体验课程——徽文化博物馆

·课程引航

中国徽州文化博物馆为安徽省第二大综合性博物馆，也是国内唯一全面体现徽州文化主题的博物馆。馆址坐落在黄山市屯溪机场迎宾大道南侧，占地面积157亩，建筑面积14000平方米，展出面积6000平方米，库房面积2000平方米，产业园区3000平方米，辅助功能区面积3000平方米。馆舍建筑以天人合一为主导思想，是以徽州文化为基本内容、徽州地理山水为背景、徽州建筑风格为基调的一组多功能综合建筑及徽派风景园林。馆舍地域开阔，周围龙山平缓环绕，高低层次错落有致。草木葱茏，环境优美，水景小品，点缀其间，人文景观与自然景观相映成趣。

·研学课题

1. 请系统地描述徽文化的特点。

2. 从新安大好山水、徽州与徽州人、明清徽商、徽州女人、东南邹鲁、程朱阙里、徽州宗族、新安医学、科技之星、文房瑰宝、新安画派、徽派版画、徽派篆刻、徽州村落、徽州民居、徽州三雕等，选择一项并完成《我眼中的徽文化》一文。

第六章　研学日记

请每日记录下你的所见所闻以及你的收获。

第一日

第二日

第三日

第四日

第五日

第七章　研学的精彩瞬间

请记录下研学期间你与同学、小组成员的美好回忆。

第八章　卧铺及高铁座位表及分布图

座位表分布图

师生140人+辅导员3人
143个位置

	03车厢	上	中	下			04车厢	上	中	下
	1						1			
	2						2			
	3						3			
	4						4			
	5						5			
	6						6			
	7						7			
	8						8			
	9						9			
	10						10			
03车	11					04车	11			
6人	12					56人	12			
	13						13			
	14						14			
	15						15			
	16						16			
	17						17			
	18						18			
	19						19			
	20						20			
	21						21			
	22						22			

	05车厢	上	中	下			06车厢	上	中	下
	1						1			
	2						2			
	3						3			
	4						4			
	5						5			
	6						6			
	7						7			
	8						8			
	9						9			
	10						10			
05车 66人	11					06车 15人	11			
	12						12			
	13						13			
	14						14			
	15						15			
	16						16			
	17						17			
	18						18			
	19						19			
	20						20			
	21						21			
	22						22			

师生140人+辅导员3人
143个位置

		A	B	C	D	F				A	B	C	D	F
04车 69人	1	/	/	/	/	/		05车 66人	1				/	/
	2	/	/	/	/	/			2				/	/
	3					/			3					
	4								4					
	5								5					
	6								6					
	7								7					
	8								8					
	9								9					
	10								10					
	11								11					
	12								12					
	13								13					
	14								14					
	15								15	/	/	/	/	/
	16								16	/	/	/	/	/
06车 8人	1	/	/	/	/	/								
	2													
	3				/	/								

作业

请完成下列任务。

1. 研学任务：小说阅读

选择汪曾祺、张爱玲、刘慈欣、毕淑敏的任意一部中长篇小说，阅读并摘抄，写下你的感想，总字数1500字以上，要求必须用作文纸手写。

推荐书目（不限于以下篇目）：

汪曾祺：《受戒》《大淖记事》《鸡鸭名家》

张爱玲：《半生缘》《金锁记》《倾城之恋》

毕淑敏：《红处方》《血玲珑》《女心理师》

刘慈欣：《三体》《流浪地球》《时间移民》

2. 研学任务：北京老字号

北京老字号不仅是京味文化的名片，还让这座城市变得有滋有味、活色生香。每一个老字号都承载着历史、乡情、风俗和文化。请拜访你身边的北京老字号，拍下老字号店铺主要商品的照片，并用300字左右介绍该老字号的历史。

请将照片粘贴在此框内

案例三

初中“励志黄山　博学徽州”主题研学课程方案

目　录

“励志黄山　博学徽州”研学课程

一、课程简介

1. 研学课程基地

黄山、宏村、徽州古城、棠樾牌坊群、鲍家花园、屯溪老街等

2. 研学目的地简介

黄山是祖国大好河山的杰出代表，是世界文化与自然双遗产，是世界地质公园。它集众山之长，有泰山之雄伟、华山之险峻、庐山之飞瀑、峨眉之清凉、雁荡之巧石，被誉为“天下第一奇山”。黄山是大自然的宝库，有着丰富的动植物资源，也是地质地貌的开放课堂，是文人雅士创作的天堂，是中国山水画的摇篮。登临黄山，领略山川之美，激荡少年豪情，激发爱国之心，并可在登山历程中挑战自我，互帮互助，磨砺意志，强化团队。

徽州更是一本厚重的书，徽州文化与藏文化、敦煌文化并称中国三大地域文化，内容广博深邃，有整体系列性的特点。徽州文化既有物质上的，比如徽州建筑、徽菜、徽派篆刻、徽派版画、徽州三雕、徽州盆景、徽州漆器、文房四宝等，也有精神上的，比如徽州方言、徽剧、新安理学、徽派朴学、徽州民俗、新安画派、新安医学等，涉及经济、社会、教育、学术、文学、艺术、工艺、建筑、医学等诸多学科，被誉为中国封建社会后期的典型标本。

二、研学课程安排

时间		研学课程安排
第一天	上午	乘坐高铁前往研学课程基地——黄山市
	下午	徽文化课程——徽州文化博物馆 徽文化课程——徽学专家讲座
第二天	上午	徽文化课程——徽州古城
	下午	非物质文化遗产——徽墨 徽文化课程——棠樾牌坊群　　　鲍家花园

时间		研学课程安排
第三天	上午	世界文化与自然遗产，生态文化课程——黄山
	下午	徽文化课程——屯溪老街
第四天	上午	徽文化课程——宏村
	下午	非物质文化遗产——徽茶体验课程（谢裕大茶叶博物馆、唐模生态茶园）
	晚上	徽文化课程——徽州包袱饺 非物质文化遗产——徽州黄梅戏
第五天	上午	非物质文化遗产——竹简雕刻
		状元文化课程——中国状元博物馆 徽州乡村文化体验——蜀源村
	下午	返程

注：标黄部分为二选一

三、研学课程内容

1. 课程目标

（1）登临世界文化与自然双遗产、世界地质公园——黄山，从地理、生物、文学、书法、艺术等多层面解读黄山，对大好河山生成深层次的综合性认知；

（2）走进徽州，接触与敦煌学、藏学并称中国三大地方显学的徽学，了解徽州文化的成因与成就，及其对历史、文化、艺术等所带来的影响；

（3）山河之美、文化之盛在给学生带来直观感受的同时，还能使学生在体验与活动中进一步强化爱国意识，引发思考，认知自我，纠偏纠错，完善全人格的成长。

2. 行前课程

网易公开课：《徽州文化：中国传统文化的标本》

主讲人：安徽大学卞利教授

课程目标：在徽文化研学课程开始前，学生通过公开课对徽文化有一个系统和初步的了解。

3. 拓展阅读推荐

《皖南古村落》　周致远　郭学勤　著　中国旅游出版社

《行走中国：在北纬30度神秘线上——黄山徽州》　潘小平　著　上海画报出版社

《胡适：四十自述》　胡适　著　民主与建设出版社

《陶行知传》　刘锐　著　北京时代华文书局

《胡雪岩》　二月河　薛家柱　著　长江文艺出版社

4. 研学旅行课程内容

第一课：走进徽州，走进徽文化

课程地点：中国徽州文化博物馆

课程内容：博物馆内的走进徽州、天下徽商、徽州建筑、徽州科技、徽州艺术、徽州教育六部分内容分别陈列在五个展厅，是博大精深的徽州文化研学旅行的导读。晚上，徽学专家为各位学生进行徽学讲座。

课后习题：

1. 在中国徽州文化博物馆中选择自己感兴趣的一个方面，进行描述。说明它所吸引你的地方是什么。

2. 通过聆听专家讲座，并结合自己的理解与认知，说明徽文化的特点。

3. 在接下来的时间里，你将从多个方面去接触徽文化，请根据问题一，想一想在接下来的课程中你将如何去深入研究。

第二课：博学徽州城

课程地点：徽州古城

课程内容：全国历史文化名城、古徽州府所在地——歙县，完整保存了大量的文化遗存，综合被称为“徽州古城”。我们选择参观与课程关联度比较高的徽州府衙、陶行知纪念馆、渔梁坝、许国石坊四大景区，并展开课程素材收集及相关知识点的探讨。

课后习题：

1. 简述徽州历史文化的发展历史。

2. 简述渔梁坝为何为徽商之源。

3. 简述徽派建筑的特点及马头墙的来历。

4. 走进陶行知先生，为陶行知先生写一份简历（其中包括陶老先生的生平及成就）。

第三课：非物质文化遗产之徽墨、歙砚

课程地点：歙县老胡开文墨厂　歙县歙砚厂

课程内容：徽墨、歙砚是徽州传统的文化工艺。走进历经百年沧桑的老厂区，参观徽墨与歙砚的生产线，了解徽墨配料、做墨、修墨、晾墨、描金等十一道工序，歙砚的千雕万琢，极具匠心方可成物。在徽墨描金工序动手体验，制作一锭徽墨作为徽州研学的纪念品。

课后习题：

1. 说明徽墨的制作方法（需要写明每一步步骤）。

2. 通过在课程中你对徽墨和歙砚的了解，说明徽墨和歙砚为何是中国历史上文房四宝中的精品。

第四课：徽州古建与程朱理学

课程地点：棠樾牌坊群　鲍家花园

课程内容：屹立于歙县棠樾村的七座牌坊，是徽州建筑艺术的杰出代表作之一，是徽州物化的教义。它体现了程朱理学“忠孝节义”伦理道德的概貌，也包括内容极为丰富的“以人为本”的人文历史，亦是徽商纵横商界三百年的重要见证。

鲍家花园是徽商望族棠樾鲍家的私家园林。它见证了徽商富可敌国的辉煌时期，也是中国目前最大的私家园林和盆景观赏处。其以徽派盆景为主题，荟萃了国内外各流派盆景精华，与牌坊群共同构筑了一幅优美的徽商故里图。

课后习题：

1. 简述程朱理学对徽州的影响。

2. 通过你的观察，说明歙县棠樾村的七座牌坊为何是徽州建筑艺术的杰出代表。

3. 请说明七座牌坊从哪些方面体现了程朱理学。

第五课：励志黄山

课程地点：黄山风景名胜区

课程内容：登临黄山风景区，黄山是祖国大好河山的杰出代表，山峦起伏，峰峰称奇，波澜壮阔，气势磅礴，变幻万千。沿徐霞客行走黄山的足迹：玉屏楼—迎客松—莲花新道—百步云梯—一线天—鳌鱼峰—光明顶—北海狮子峰—梦笔生花—始信峰一路行走，奇

松怪石，风景无限，感叹造化之奇妙，思考探究这座奇山带给我们的无尽课题。小记者们随机采访挑山工人、环卫工人或守松人，将黄山的壮美与精神铭记于心。

课后习题：

1. 从不同的角度说明黄山奇松怪石的形成原因。
2. 简述黄山云海的形成原因。
3. 为你所采访的挑山工人、环卫工人、守松人写一篇采访稿。
4. 搜集你所知道的有关黄山的名篇。
5. 总结你在攀登黄山的过程中遇到的困难，并且说明你是如何克服困难的。

第六课：流动的清明上河图

课程地点：屯溪老街

课程内容：屯溪老街始建于明末清初，位于新安江码头附近，是徽商物资的重要集散地，也是目前国内保存最完整，兼具宋明清建筑风格的古街，被誉为“流动的清明上河图”。历经数百年，至今古风依然，旗幌飘飘，商铺林立，各式徽州风物特产应有尽有。

课后习题：

1. 通过图文说明屯溪老街为何被称为“流动的清明上河图”。
2. 阐述老街的街道风貌特点与老街的商铺特点。

第七课：画里乡村

课程地点：宏村

课程内容：早餐后，乘车至中国画里乡村——宏村，这是我们祖先最早

运用仿生学原理建造的村庄，依山傍水，充分显示了天人合一的居住理念。在研学导师的带领下，从村落选址、布局、民居的基本结构、各构件的名称与功能、徽州三雕欣赏、楹联文化品读等多层面，以宏村为蓝本解读徽州古村落，揭晓徽州生活是中国传统生活标本的典型意义。

课后习题：

1. 通过学习、观察、研究，说明宏村是如何运用仿生学原理建造的。

2. 欣赏徽州三雕，阐述徽州三雕的特点。

3. 观察徽州古村落的选址、布局等特点，简述普通民居的基本结构与其功能。

4. 品读宏村楹联，记录下你在研学过程中所看到的楹联，并用自己的理解深度品读其中2—3副楹联。

第八课：徽茶

课程地点：谢裕大茶叶博物馆　唐模生态茶园

课程内容：参观黄山毛峰第一品牌——谢裕大茶叶博物馆，了解徽茶的生长习性、产品特点，茶叶的相关知识，茶业在徽商贸易中的重要性，以及茶与人们生活的关系。之后至唐模生态茶园，在生机勃勃的千亩茶园中体验采茶，开展小组比赛。观摩手工制茶的杀青—揉捻—烘焙流程，掌握徽茶的制作工艺。

课后习题：

1. 简述徽州地区所产茶叶的品种、习性。

2. 分析茶与徽商贸易的关系及其在徽商贸易中的重要性。

3. 分析在中国茶叶与人们生活之间的关系。

4. 在专业导师的讲解与带领下亲手制作茶叶，在制作结束后记录手工制茶的过程，并说明每一步骤的操作方法与注意事项。

第九课：徽州饮食文化与戏曲文化

课程内容： 徽州传统小吃，因形似包袱而得名，又暗含“抱负”之意。学做包袱饺，同时聆听并学唱黄梅戏，以小组为单位做研学总结分享，活动图片播放展示。

课后习题：

1. 简述包袱饺的内在含义。

2. 对比你所听过的传统曲艺唱腔与黄梅戏唱腔之间的区别，并说明你更喜欢哪种唱腔及其原因。

第十课：二选一课程

一、竹简雕刻

课程地点： 徽字号非遗传习所

课程内容： 徽字号非遗传习所以传播传承徽州传统文化为己任，由徽国书院、竹雕博物馆、非遗展示、体验大厅等几部分组成，学生在此可开展竹简雕刻，了解徽州竹雕工艺及文字与书写工具的发展史，以班级为单位合力做一副竹简，彰显团队精神。

课后习题：

1. 阐述在小组制作竹简的过程中，小组内的分工以及分工的原因。

2. 说明竹简雕刻的工序与注意事项。

二、状元文化和乡村体验

课程地点： 中国状元博物馆、蜀源村

课程内容： 中国状元博物馆是在“中国第一状元县”休宁县旧县衙遗址上修建的，是国内唯一一家以展示状元文化为己任的，兼容中国传统文化与中华民俗于一体的综合性博物馆。馆内藏有状元文化类珍贵藏品554件，

目前至少有10件堪称镇馆之宝，如休宁状元黄思永殿试试卷、乡试题目刻印实帖、洛阳状元胜迹图、御赐休宁状元黄轩“福”字匾、御赐休宁八品顶戴军功牌和御赐休宁状元金德瑛“福”字立轴等。这些对了解中国传统科举制度、科考流程有非常高的文化价值，同时激发学生励志求学。

蜀源村有“徽州小桃源”之称，完好地保存了徽州乡村生活形态，学生在此可以体验徽州乡村的传统待客礼仪，如鞭炮迎客、四色茶礼、茶叶蛋、毛峰茶等，也可以体验传统的“舞草龙”民俗，并可下地摘菜洗菜，烧火做饭，自己动手做一顿香喷喷的柴火饭。

课后习题：

1. 简述科举考试的影响。

2. 简述科举考试的考试内容、考试的题型，以及难易程度。

3. 如何监考？考试成绩与未来就业的关联度有多大？

4. 参加考试的资格要求有哪些？

5. 蜀源村农家菜的菜色都有哪些？通过自己的品尝说明其特点，分析柴火饭与平日里所吃米饭的差异。

四、注意事项

1. 在参加研学课程的过程中严格遵守纪律；

2. 不购买街边商贩所卖的食物等，以防引起身体不适；

3. 入住酒店时需要先检查房间内的设施是否有损坏；

4. 在每一课进行的过程中，需要紧跟导师，如有特殊情况及时告知研学导师；

5. 在参加活动的过程中，要严格按照指导老师的要求进行活动；

6. 在攀登黄山的过程中，要做到走路不看景，看景不走路；

7. 时刻注意尊重当地的民俗习惯；

8. 随时随地要做到安全100%。

（四）学生研学实践作品

徽　商

初三5班　盛麟添　何宇韬　指导教师：马玉荣

在参观黄山市休宁县状元博物馆时，我们发现徽州曾经出过144位状元。我们想：徽州人才辈出，那么他们的商业头脑究竟怎么样呢？我们听导游老师讲解后，了解到以胡雪岩为首的一批人形成了中国的一大商帮——徽帮。随后，我们想起了初一研学时去的浙江，那里的浙商也有着丰功伟绩。毕竟浙商是推动了十九世纪中国工商业进程的商帮。我们认为这两个商帮都有可取之处，因此，我们想将这两个地方的商业做个对比，于是就形成了我们的主题：徽商与浙商的不同处。

最开始，我们认为徽商和浙商是不同的，甚至是两个对立的商帮。我们询问老师后发现，徽商兴盛于明清时期，而浙商兴盛于改革开放后。也就是说，这两个商帮之间的交集是比较少的（至少不在时间上有交集）。经过上面的搜索，我们本以为这两个商帮毫无联系，谁料一位老师说的话改变了我们的看法。这位老师在无意间聊天时对我们说："之前有一部分安徽人因为种种原因，来到了浙江省，随后就发展了浙商。"我们心想：原来，浙商和徽商并不是毫无联系，也是有一定起承转合在里面的。因此，我们将主题稍作改进：徽商与浙商的异同。

在询问老师后，我们了解到浙江省这一商业大省有很多城市都从商，例如杭州、宁波等城市。我们讨论后还是没有得到一个结论。这时，我们组的一名同学忽然想起了前几年的一部电视剧《鸡毛飞上天》，讲的就是义乌商人将生意由小做大的故事。也就是说，如果研究义乌商人的话，一些真实的事件和其中发生的事情是有参照的。同时，我们组有一名同学的祖籍是浙江省义乌市。我们组在研究义乌商人方面有着"得天独厚"的优势。因此，我们将主题又改了一下：徽商与义乌商人的异同。这也是我们最终的主题。

安徽当地有首小打油诗："前世不修，生在徽州。十三四岁，往外一丢。"前两句说的是徽州当地无论是土地资源还是其他资源都很少，但是在这资源缺乏的地方却诞生了徽商，而后两句更能体现安徽人勇于开拓的精神。安徽当地资源少，如果要发展，就要向外拓展，发展商业。安徽人在外经商，不是仅仅外出经商，而是一边读书，一边经商。虽然有很多人经商，但是安徽这个地方也传播着浓厚的儒家思想。

虽然土地资源少，但是安徽当地的茶叶很好。安徽人因地制宜，种植了毛峰茶和太平猴魁。因此，徽商的一大行业就是卖茶叶。这体现了徽商头脑灵活，因地制宜。

徽商中的一大代表就是清朝的胡雪岩。这里不过多介绍胡雪岩，主要通过胡雪岩一人看出徽商的性格。

胡雪岩和徽州的一种传统美食——包袱饺，有着很大的关系。据传言，胡雪岩刚从商时，老板一连三天请吃包袱饺，为的就是看他们谁细心、记性好。因此，我们从中可以看出徽商的一种特点——细心、记忆力好。

我再举一个胡雪岩的例子。胡雪岩赚钱后，去了新疆辅佐左宗棠。以小见大，这可以看出徽商忠君的特点。同时，他赚了钱之后，有一些外国企业压低价格，想让我国的经济落后，但是胡雪岩以亏本的价格与外国的这些企业竞争。他宁可让自己的利益受到损失，也不让国家的利益受到制约。这体现了徽商的爱国精神。

探究徽州方言

初三5班　二组　盛麟添　指导教师：关宇

徽州文化博大精深，它涵盖了徽州人的生活习惯、社会交往各个层面。徽州方言是一种独特的语言，"同饮一河水，三里不同音"，即便是同一个村子的村民，村头和村尾说话都有区别。据说，五十年代国家在进行文字改革时，专家们在徽州进行语言文字考察，除"平声、上声、去声和入声"四声以外，他们还发现了唐代遗留下来的"weng"声。北京市陈经纶中学初中部学生带着对徽州方言的浓厚兴趣，在研学旅行过程中对徽州方言进行了考察探究。

今天，老师在讲解，我们在下面打哈欠。这时，导游老师停止了讲解，对我们说："虽然我不是安徽人，但我也会讲一两句方言。请大家猜一下这句话是什么意思？"话音刚落，同学们就兴奋了起来。紧接着，他缓缓地吐出一句话。正当我们不知所措的时候，老师公布了答案"你知不知道？不知道。"这种与普通话截然不同的语言吸引了我们的注意力。于是，我们决定简单地研究一下安徽特有的方言。

"啊"对应"我"，"不息地"对应"不知道"。"不知道"和"不晓得"意思相近，我们推测这个词的原意可能是"不晓得"。那么"息地"对应"晓得"。

在一阵拼读后，我们发现了一个规律：这两个字都是普通话发音的一部分。老师之前介绍过，以前的安徽人有一部分是当时的北京、天津、河北省的人到安徽避难的，因此这些人说普通话的比较多。我们认为有可能是安徽人在经商的过程中，为了节省时间，就取之前普通话的一部分与其他人交流。

我们还在网上搜了一下安徽的方言，发现马鞍山地区有一句方言"革么斯啊"，意思就是"干什么"。我们认为这句话的原意为"干嘛事呀"，意思就是"干什么"。同样，也是将"干嘛事"的部分成分去掉，再进行组合，变成了"革么斯啊"。

当然，我们还有一种猜想，就是方言其实早已经有了，但是为了方便那些避难人的听说读写，就将这些原有的方言略微删改，形成了与普通话有相似之处的方言。这样解释更好地体现了安徽人民谦和及互帮互助的性格。

我们去的是徽州。徽州地区方言的一个特点是有画面感。例如早饭，我们说"早餐"，而徽州人说"吃天光"。试想一下，唐宋时期，早晨，太阳刚刚升起，热气腾腾的早饭就端了上来。太阳的光芒闪耀，早饭像阳光一样为我们增加能量。"吃天光"一词就此流传开来。

再比如"貂蝉"一词，大家都知道，貂蝉是一位美女，但是在徽州方言里，"貂蝉"指的是面容姣好的女子。同样，再想象一下，一位美丽的女子站在你的面前，赛西施、比玉环，我们仿佛看见了像貂蝉一样的美女。这样的方言，难道还没有画面感吗？

在浙江义乌，方言与安徽方言有很大区别。虽然浙江和安徽都是南方省份，但是它们的方言却有很大差异。例如“吃饭”一词，安徽话叫“切饭”，义乌话叫“塞我”。因此，不同的地理环境，不同的地域文化，不同的生活方式，都有可能让方言迥然不同。

最后考大家一个小问题：在徽州方言中，既然早饭是“吃天光”，那么午饭、晚饭分别是什么呢?

（提示：想一想中午和晚上太阳的方位和景象）

攀

初二1班　陈子怡　指导教师：盛宇辉

望高山绵延深入眼，
伴微风轻抚过脸颊。
登黄山之巅始足下，
思万物之情于心中。

游　记

初二1班　陈子怡　指导教师：盛宇辉

独过小桥本留意，
却不尝江水之乡。

牵你们的手游荡，
愿与同友共重游。

徽州古镇游

初三1班　刘天予　指导教师：杨海龙

徽州深秋草上香，
粉壁黛瓦马头墙。
八卦古城天人造，
美景遍寻有刘郎。

登黄山

初三1班　司佳懿　指导教师：余慧

万仞奇石飞云邈，
千丈深谷迷雾绕。
迈步攀登光明顶，
迎客松下共相邀。

黄　山

初三1班　司佳懿　指导教师：余慧

一面石壁背朝天，
云雾散开又遮山。
腾云百变际天涌，
千秋坐看云起时。

佳画

初三1班 李悦卿 指导教师：马玉荣

不知哪位画仙潇洒渲染
又轻执笔尖细细勾点
青绿交错阳光晕染
难得此景自古沉淀
辗转间温柔了万代江山

古村的岁月，静好

初三2班 刘祎炀 指导教师：谢涛

阴天，微雨
我漫步在呈坎中
雨滴打在伞上
发出嘀嗒的声响
一切是这么安静

成串的玉米和辣椒
挂在竹子制成的杆上
玉米和辣椒拼成的
是呈坎欢迎你

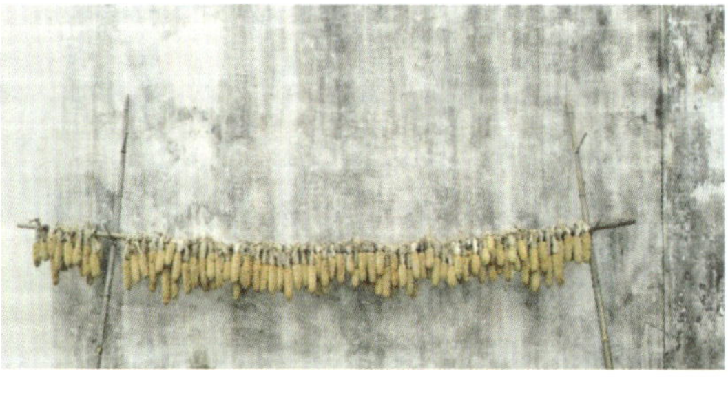

石制的桥立在水面
几只鹅结伴在溪中划水
香樟树和粉墙黛瓦倒映在水面
瞧那儿还有几朵静静绽放的睡莲

斑驳的古墙
丰收的玉米和辣椒
清晰的倒影
多么希望就这样
岁月静好

呈坎古村

初三2班　杨静晨　指导教师：吴伯芹

初入呈坎，
入眼那斑驳的白墙，灰瓦，
水面涟涟，烟雨蒙蒙。
板桥，白鹅，浮在水面，
远山朦胧，仿佛置身于水墨之中。
石板通通，
清澈泉水随君行，
琉雀在屋檐上停留。
深入呈坎，

穿梭那古道小巷，夹道，
触摸历史悠悠，文化种种。
砖雕，木刻，融入建筑之中，
曲径恬静，百年木材散发出悠悠降香。
天井遥遥，
晰沥小雨伴君旅，
黄狗在青石上漫游。

渔家傲·游黄山

初三2班 单静轩 指导教师：闵宇霞

山中秋来凉风起，落叶归去无回意。八方风声连山起，黄山里，山崖陡壁铁锁环。

热汤一壶暖心底，齐心协力登山顶。歌声袅袅心不凉，颜欢笑，童稚欢乐大家喜。

苏幕遮·黄山

初三2班 朱艺琳 指导教师：回杨

陡云阶，崎山路，回环峭壁，壁间畏险川。声振心门响动身，苍松傲立，更在云海上。

枯落叶，蚀野果，物物非秋，落霜留晨意。晚云暗霞莫苦送，酒入愁肠，化作相送歌。

读万卷书，行万里路

初三2班 王芮涵 指导教师：赵紫薇

读万卷书的同时也要行万里路，两者同样重要，所以闲暇时光不妨去看看祖国的大好河山，例如徽州著名的山峰——黄山。

几天前，我们到达山脚，看到排队坐缆车的人多到让人无法想象，那个郁闷再加上无奈啊，这把爬山的情绪拉低了不少。

不过，一切不愉快在我们走下缆车如入仙境的那一刻全都没有了……

那时的黄山正美，阳光毫不吝啬地透出它灿烂的光芒，映射出天空最纯粹的蓝，浓郁而又白茫茫的雾气自由舒展地萦绕在山间，这不是仙境又是什么呢？我们一行人忘却了等车时的疲惫，沉浸在眼前的美好中。因为阳光太灿烂，让人心醉且倍感神秘的云海基本上已经没有了，蓝天映衬下的黄山清晰无比，视线也极为辽阔，它的秀美险峻展露无遗。

再者，给我们留下深刻印象的是挑山工。一路上行，望见许多挑山工，他们费力地挑着扁担，走着“之”字型的线路，看得人心酸。他们结实的肌肉和稳健的步伐，无一不透露出他们顽强的意志！他们所走的路程几乎是我们的一倍，作家冯骥才的《挑山工》中的一幕幕都真实地展现在我们面前，从他们身上，我读出了任何书上都没有的东西。

总共爬了20多分钟，我便立于黄山的光明顶。回想过程，从在半山腰如临大敌的感觉，到途中一次次想放弃的念头，冲顶时的满怀希望，以及至顶时的“一览众山小”情怀，都使我感慨万千。一个黄山，虽然在祖国的版图中只占点点几处，但是它在中国人的心目中占着重要的位置！这里是古代权力的象征，是文人墨客抒情创作的圣地，是中国文明的见证……

读万卷书，行万里路。出去走走，你会看到书本上没有的东西。现在回想起来，此前路途上的一切挫折，其实是老天为了送给我们这份最美的风景吧！很多时候，经历过苦难和挫折，我们或许会得到意想不到的收获！

在路上

初三2班　朱艺琳　指导教师：盛宇辉

初到徽州，我们走在呈坎古村的粉墙黛瓦中，行走在黄山的奇峰怪石间，漫步在徽州老街的古朴石路上。在这游访徽州的路上，我渐渐体会到原来上帝关上一扇门的同时，也会打开另一扇窗。

走在古城的青石板路上，天空一片灰白，本以为赶上下雨是游览风景

的忌讳，却不想眼前的朦胧让以往的景物有了生机。雨水从黑瓦上滴落下来，在白墙上留下痕迹，描绘着雨中的呈坎。典雅的徽州建筑吸引着我的目光，天空中落着淅淅沥沥的小雨，这给呈坎带来别样的景色。可见，即使天空一片阴霾，眼前却会有更加绮丽的风景。

黄山的险素来是与众不同的，百步云梯便是其中的代表。攀登黄山时，有的人选择了较为平坦的山路，而我选择了百步云梯，只为一睹黄山别具一格的险。一百多个台阶连在一起，让人望而生畏，但是真正踏上它的时候，我就知道已经没有回头路，即使紧锁眉头也要坚持下去。当站在最高一节台阶上时，我不觉惊叹，原来这险是名副其实的，如果选择了逃避，不愿意劳累，必然无法领略黄山的艰险。走在黄山的奇峰怪石间，我们每走一步都会感到劳累与疲惫，但是当你忘记脚下的辛苦，抬头看天，便会发现自己每一步的辛苦付出换来的是从未见过的奇景。松树挺拔地矗立在峭壁上，远处的险峰若隐若现在云海里。即使身体再过疲惫，眼前这种怪石嶙峋、奇峰耸立的景象却能让我们抬起沉重的腿脚，不断前进。

行走在徽州老街，老街的夜景已然失去了古朴与典雅。眼前的霓虹灯闪烁在粉墙黛瓦上，在这喧嚣的大街上，街边到处是贩卖徽墨与歙砚的店铺，川流不息的行人行走在古老的街道上。老街的沧桑因都市的现代化而变得生机勃勃。在这古今结合的街道上行走，别是一番韵味。

即使天气不佳，遇到艰难险阻，事物失去本来的意蕴，却总会有前所未有的体会。在沮丧之际莫不要失落，抬起头看看，便会发现上帝为你打开的另一扇窗。

行走徽州

初三1班　铁维宸　指导教师：谢涛

研学就这么结束了，此刻我坐在回程的火车上心中也是百感交集。

从期盼着黄山研学到现在研学结束，这短短几天里发生的事在眼前一一浮现。第一天早上出发时，我无比激动，特别兴奋。到达火车站候车，我满眼望去，同学们整整齐齐坐在椅子上，穿着白校服，箱子摆放在前面，大家手里都拿着书或英文报纸，没有闲聊天的，这就是我们大经纶的风采。

经过六个多小时的奔波，我们到达了目的地，参观了温婉秀丽的呈坎古村。

呈坎，一千多年的古村，整个村落呈易经八卦布局，这诠释了水火相克生万物，天地容万物的哲理。朱熹朱圣人曾说过："呈坎双贤里，江南第一村"。这里的亭台楼阁、小桥流水、人文文化，无不透着一种古朴。这里的建筑依山傍水，与自然山水融为一体，这里没有城市的喧嚣，有的只是朴实，这里的空气也是那么干净清新。所谓一方水土养一方人，这里人才辈出，历史上曾经出现过很多文人墨客、诗人画家。

我们晚上住宿在房车里，那叫一个新鲜啊，大家还是第一次住房车，一进去都好奇地左看看右看看。第二天是我们这次研学的重中之重，攀登巍峨雄奇的黄山。一路上虽有艰辛，当我们登顶的那一刻，心里骄傲自豪，原来只要坚持就一定能登上顶峰，坚持很难，但是有恒心就一定能做到。登山的过程也是我们行走的过程，这个过程很艰难，只要我们有坚持不懈的信念，就一定能克服困难。不管是在生活上还是在学习上，只要坚持努力就能达到顶峰。作为一名初三学生，我们更要攀登高峰，放飞梦想，努力追求，永不言败。在光明顶上，很多事情都让人感动，最感动的是看到父母给我的一封信，信里承载着父母对我的期盼、关心，更有父母的用心良苦。这也正是我们人生道路上不可磨灭的一段记忆，在未来的路途中将给我们激励。接下来的两天我们还去了几个地方，品尝了地道的徽菜。在旅途中，我们经历了坎坷，也学会了克服，这是我们行走在人生道路上的一大进步。

现在列车行驶在回京的路上，听着脚下铁轨咔嚓咔嚓的声音，我的心绪慢慢平静下来，短短的几天我们收获了很多。从现在开始，我们要好好备战中考了，收拾心情，努力拼搏。在未来的六个月里，我要全力以赴地投入到学习中，拿出所有精力拼一拼，争取考上一个理想的高中，也不枉费老师和家长的期望。这次研学我们领略了祖国的大好河山，看到了同学们的团结友爱，体会到了老师为我们付出的辛苦。我们一定要用实际行动来证明所有人的付出是值得的。加油！同学们。

请你记得左顾右盼

初三1班　李悦卿　指导教师：盛宇辉

那天我们爬了黄山，整个过程并不怎么让人愉快，甚至可以用吃力来形容。

好吧，如果你以为我要写登山过程中我怎么怎么坚强，怎么怎么挺过来的，那你就想歪了。

讲真的，我对整个过程有多痛苦以及登上光明顶后的自豪，并没有多大感想。反而，我很自责、惭愧。

一切从登上光明顶说起吧，我算是一号车里较早登上光明顶的。登上光明顶后，我非常自豪，拍张照，赶紧发了一条朋友圈嘚瑟一下：登顶了！哈哈哈哈真开心！然后我满足地关上手机，丢进书包，站在登顶的必经之路看着别人喘息着冲向终点，一边给他们递水一边看他们大口大口地倒着气，吐槽着爬上来多么辛苦。等到大部分人休息得差不多了，大家就开始你一言我一语地聊起路上有趣的事儿。

“我路上碰到了挑山工！他告诉我黄山最美的地方在哪儿！”

“真的吗，真的吗？我觉得xxx真的超级好看啊！一眼望去，无边无际！”

“还有xx，从那里往下看可刺激了！不过要注意安全啊！真的可吓人了！”

突然有人问我："李悦卿，你觉得呢？"

我："我……我觉得……我觉得都挺好的……吧！"

我语塞了，不知道如何应答！这时我才反应过来——我什么都没看！那我做了什么？爬到了光明顶！然后呢？哦对，好像挺累的吧！为什么会累？因为一直在爬！

是啊，一直在爬……仅仅在爬！

"所有人前面集合！"这是盛老师在叫我们集合。我们继续向前，来到一片平坦的地方，开会。张老师发给每位同学一个信封，原来是家长给我们写的信。打开信，妈妈的字体映入眼帘。我细细地读着，开心极了。

直到"早出晚归"这四个字冲进我的视线，这四个字像一个重锤，一下子捶在了我的心上。突然间我清醒了起来，意识到自己忽略了太多！平时我都是很早起床，吃过早饭直接奔向地铁，妈妈要嘱咐两句，我基本是应付一句：行了行了知道了，妈妈再见！妈妈接下来说的话一句都没能听到。放学后复习完到家已经很晚了，妈妈想跟我聊聊，我总是有气无力地回一句：您等会儿，我先吃饭。等到吃完饭，我就直奔房间写作业。细细数来一天能和妈妈聊天说的话寥寥无几！

我不禁开始自责，为什么不好好听妈妈说话！我很愧疚，大家都知道要多看看沿途的风景，而只有我一脑袋往前走。

我明白了！终点再高又如何？一路的风景更难得！

当我们一路奋斗时，除了一心在乎脚下的路，更应该左顾右盼，顾着沿途的风景，还有一直支持我们、陪伴我们的人！他们的重要性，远远超过了要到达终点这件事。

所以，从今天开始，开始左顾右盼！

行走中的积累

初三1班　杜春晓　指导教师：朱丽颖

从小到大，我爸爸一直和我说一个词："厚积薄发"。他说只有长时间的积累并且准备充分才能办好事情。我一直不理解：为什么要积累那么长时间，只为了那一瞬间的爆发？这有什么用呢？直到这次安徽研学，爬了黄山，我才算真正明白这个词的意思。

黄山，海拔1860米。我们坐缆车到了1600米之后，要徒步爬上顶峰——光明顶。别看只有短短的200米，我们可是要爬三公里多的台阶呢。不过，为了到顶峰“一览众山小”，看看黄山的奇松、怪石和云海，我们还是忍了吧。

我记得我是从一点十分开始爬的。

爬之前，我默默抬头仰望天空。怎么那么高啊！我叹了口气，心想：算了算了，都走过12公里的石林峡了，这三公里的光明顶算什么？不是说“天将降大任于斯人也，必先苦其心志，劳其筋骨，饿其体肤，空乏其身”嘛，就当是上天对我的考验吧。于是，我收了收心，开始一步步地爬台阶。一步两步三步……可能是因为平时经常锻炼，在爬了大约5分钟的时候，我就已经爬出了节奏，并不觉得很累了。我一边走一边看看后面的人，一边看四处的风景。我发现人在高处的时候，常常会出现一种豪情壮志，浑身充满了力量。我开始想站得更高，想快点儿爬到山峰——光明顶。

于是，我卯足了劲，开始加速往上爬。到了光明顶，我有点儿意外：我竟然是第一个到的。开心之余，我觉得这和我平时的积累是分不开的。假期的时候我就经常和爸爸一起出去爬山，放学之后去跑步，在其他地方做一些体育练习。厚积薄发，平时的积累在这时候体现出了效果。当别人还在苦哈哈地爬着时，我已经站在山顶了。这时，我看了看表，不多不少刚好爬了25分钟，比导游说的40分钟足足快了15分钟呢。

接下来的近二十分钟，我是在慢悠悠的休息和欣赏风景中度过的。当然，其中有一个特别的“风景”——看那些后来人气喘吁吁地爬上来怀疑人生。我发现，越是先上来的人越占便宜，因为可以四处转转看看风景，领略江山的大好风光。后上来的人就有点儿惨了，他们为了追上我们，在路上紧赶慢赶什么都没有看，好不容易到了山顶，我们也休息得差不多了，

又得继续赶路。整个过程十分累不说，还什么收获都没有。

这次活动之后，我十分感激爸爸对我说的“厚积薄发”。这个词如果运用得当，将是我人生的契机，也会让我把握住每个机会。它告诉我：在行走中积累，在积累中走得更远。

不要浪费每一秒

初三1班　裴芷如　指导教师：史丽丽

节省时间，可以使一个人有限的生命更加有效，即延长人的生命。没错，时间是人们生命中的匆匆过客，往往在不知不觉中，它便悄然而去，不留下一丝痕迹，可它对每一个人、每一帧风景都是公平的。

徽州之旅的第二天，我们来到了黄山。在路上，我们的车好像出现了什么问题，导致1号车的所有人都在路上被耽误了半个多小时。即使是淡季，黄山依旧人气不减，看着像长龙似的队伍，我们既焦急又无奈。最后的结果是，其他班的同学已经到了光明顶，我们连缆车都还没有坐上，光是等待的时间就花了三个多小时。

终于要向目标光明顶进发了，所有人蓄势待发，毕竟我们要把逝去的时间给赚回来。我刚开始很兴奋，甚至觉得不就是200米嘛，也不是很远。事实证明，我真是高估了自己的体力。刚开始爬，我就已经掉到队伍的最后，越到后面越觉得前方的路和台阶没有尽头，意志和体力也就一点一点地被消磨没了。忘着前面同学的步伐，我不争气地停歇了下来。就这样走走停停，和身边人的距离越拉越远。我的目标从赶快到达光明顶变成了赶快追上大部队。于是，我只能一股脑地向前奔走，什么奇山怪石啊都被我抛到了脑后，就连飞来石我都没有仔细观赏就略过去了。回来之后想想，我真的很后悔，不过没办法，谁让我一开始就没有跟上前面的大部队呢。

到达山顶后，我们举行了放飞理想的活动，我记得当时的背景音乐是《时间都去哪了》。我当时就在想初三这一年最宝贵、最应该珍惜的东西是什么。也许，不，一定是时间。仔细数来，离英语口语考试只剩下一个多月的时间，离正式中考也不过只有大半年的时间。在这屈指可数的岁月中，有的人能够抓住每一分每一秒向着理想前行，而那些让时间从自己手中溜走的人只能看着目标离自己渐行渐远。因此，做一道数学题的时间、读一个单词的时间都不应该错过，把时间紧紧握在手中的人才是最后的胜利者。

回程的时候，我们依然要走3公里的路。在彻悟之后，我告诉自己一定要走在队伍的前面，不能落队。回程时，我才真正领略到了黄山壮丽的景色，印证了那句“五岳归来不看山，黄山归来不看岳”。奇怪的是，一直走在前面，我并没有觉得那么累，反而享受其中，而且看到了更美的景色，这让自己的黄山之旅得以充实。

“一寸光阴一寸金，寸金难买寸光阴。”如果一开始不珍惜时间，失去的财富是以后再也补不回来的。依旧是那句话：把时间紧紧握在手中的人，才是最后的胜利者。

走

初三1班　王璐　指导教师：张婷玉

从我们牙牙学语，父母就领着我们，让我们一步步地向前迈。后来我们长大了，步子也越来越大，只是行走从未停止。行走，这个贯穿一生的词不仅是字面意义上的迈步、踏踏实实的肯干，还是心灵的前行。在这次研学活动中，我体验到三种不同含义的行走。

“走”这个字，甲骨文下方是一只脚，寓意着“千里之行，始于足下”。当我们走下缆车，行走于黄山之间，我们踏着石阶匍匐前行。脚下的山石高低错落，我们也跟着在山中颠簸。抬眼眺望，黄山无处不景，云雾环绕，青松盎然。真是应了那句：“五岳归来不看山，黄山归来不看岳。”

光明顶很高，下了缆车后，我们还要走五公里左右，这段路真的不短，爬着爬着腿就酸了。看着陆陆续续有同学从身边超过去，我自然有些不甘心，只好咬牙坚持。其实，不只是爬山，我们的生活和学习也是这样，唯有一步一步走，才能走得稳，走得稳才不会中途而弃。我们要坚持“犯其至难，图其至远”。

在光明顶上，“同学们，我很高兴没有一个人掉队，大家都凭借自己的努力爬上了黄山，”盛老师说，“爬黄山很累，一个一个台阶爬上来，大家一定不容易。其实这也像我们已经到来的初三生活，劳累幸苦，但是到达终点时一定充满甘甜。我们这次组织所有同学来攀登黄山，就是为了让大家体会艰辛，懂得忍耐和坚持。请大家双手托起写好理想的纸鹤，将自己的志向和愿望贯注在上面。”盛老师顿了顿，喊道：“初三年级，起航！”平常“慈祥”的盛老师现在脸上满是斗志昂扬。

后来，我们把自己的纸鹤交给张老师保管，但是一个失意间，玻璃瓶应声破碎。张老师赶忙说：“没事，你们直接放在我手上吧。我帮你们保留着这份梦想。”张老师一个人的手毕竟太小，拿不了那么多，这时一只只手搭上去，将纸鹤包在里面。“我们喊点儿什么吧？”张老师说。“那就喊‘中考必胜’吧！”有同学建议道。随后，我们转向侧峰，张老师喊了一句：“一二三——中考必胜！”每个人脸上都洋溢着笑，我想这一声将会带着我们的愿望，传遍崇山峻岭，绵久不觉。

这是我感觉到的第三种行走方式，心灵上的前行，为什么这么说呢？因为这没有什么动作，也没有可以丈量的距离，但这确确实实是“行走”，而且是一大步，比登上黄山的任何一步都要意义非凡。我们的内心深处已然留下一个梦想，一颗萌芽。它带给我们的远远不只这些，这里还夹杂着团结，夹杂着期望，夹杂着坚强，还夹杂着……

行的甲骨文像一个十字路口，意为“道路”。走的原意是奋力摆臂，向前奔跑。攀登黄山，我体验到的这三种行走也是一个过程，这个过程无不向我们传达一句话：“初三了，起航！”

快板　黄山行

初三5班　盛麟添　指导教师：关宇

黄山行，黄山行，（经纶）学子人生远足，同学们一听（脸上）笑盈盈。

下了火车到呈坎，呈坎的命名有依凭，坎字属水（这个）在八卦，阴阳调和传统文化。呈坎镇，三国建，历史悠久，一千八百年。让路石就在这一人巷，侧身先过懂得谦让。

第二趟，古城上，徽派建筑（那是）有的讲：粉墙黛瓦马头墙，高墙深院和小窗。八角牌坊独一无二，许国少保（这个）要表彰。陶行知精神领略到，随后去了制墨厂。

安徽的徽墨可称王，描金体验是用颜料黄；渔梁坝（明清）就已有，渔梁村（早就）自隋唐；竹山书院拜孔子，先师夫子倍受敬仰；老曹家状元举人学政真不少，值得我们来效仿。

黄梅戏咿呀是传统，包袱饺让游子（有了）念想；臭鳜鱼，味道香，辣椒生抽葱蒜生姜。

清晨初起（那个）雾中忙，黄山它本来（就）不姓黄，轩辕黄帝（就在）黟山炼丹，服丹升仙明皇赐字（这才）改姓黄。

迎客松有着三兄弟，主席题字天都峰上；云海上，美景赏，白云和青山辉映交相；挑山工扁担上下舞，崎岖山路汗汪汪；最险不过一线天，光明顶峰长辈讲；同学们争相赛口号，读家信同学（脸上）泪汪汪。

屯溪老街名声响，自点的饭菜别样香。安徽省人才高，一百四十四位状元郎。游船游黄金水道，新安山水美景赏。

（上了火车）您也别闲着，语文五三打卡忙。玩游戏，不可以，做作业呀，有意义，努力学无愧心底。

回北京大家一定要努力，我给列位说句吉祥话在这里。我祝大家：中考顺利，万事如意！

（五）学生研学实践安全预案

方针：安全是学生活动的生命！强调安全第一，预防为主，从本质上消除任何不安全隐患，做到本质安全。

原则：备份原则、复查原则、监护原则

目标：让安全成为我们的一种生活方式，因为安全与不安全之间没有过渡，只要踏出100%安全一步，就进入100%不安全。

安全保障来自：完善的体系、安全意识、合格的装备、正确的操作方法、丰富的经验

安全管理三要素：消除物的不安全状态、杜绝人的不安全行为、控制环境因素

（一）安全负责人：活动之前确定。

（二）安全负责人要求

1. 要树立高度的安全意识，安全责任人要对全年级（班）的安全负全责。

2. 要严格执行安全预案中的要求。

3. 严密组织班级活动，对学生进行跟踪式管理，杜绝各类人为事故的发生。

4. 发生或发现问题要及时上报带队领导并立刻解决，解决不了的要向校长汇报。

（三）外出安全要求

1. 带队领导和教师要树立安全第一的思想意识，要有高度责任心。全体工作人员要明确职责，坚守岗位，避免疏漏。

2. 各班正副班主任是本班的安全负责人，对本班安全负全部责任。

3. 组织学生活动时要以班为单位，正副班主任和安排到各班的任课老师全面负责学生的安全教育工作。

4. 教育学生严格遵守时间，按时集合、列队，不准擅自离队。学生小组要有组长，对学生进行安全教育，明确要求，小组必须统一行动。

5. 出发前及到达目的地时、返校上车前、返校后，正副班主任和本年级任课老师必须及时清点本班人数，避免学生走失。

6. 乘车时按顺序乘车，在车内不准大声喧哗，不准将头和手伸出窗外，不准向车内外扔废弃物，不准携带危险品及易燃易爆物品。

（四）突发事件处理原则

1. 保持镇静，沉着应对。

2. 学生优先原则。

3. 就地抢救原则。

4. 报警、求援原则。

5. 维持秩序、迅速疏散原则。

（五）应急反应措施

1. 车队单独配备应急反应车一辆，校级领导、校医随车前往。

2. 所有教师、工作人员的手机必须处于开机状态，前一天检查手机充值状况，确保资费充裕。

3. 进入活动区域后，校级领导担任总指挥，指定专人在活动区域出入口值守，以免学生走失。

（六）因天气原因变更活动处理

1. 活动前一天了解天气情况，通知学生做好相应的准备。

2. 发车时遇有天气变化，有可能对行车安全造成影响时，要果断采取措施，做出延时或变更处理，并针对学生可能出现的情绪波动，做好引导、说服教育工作，妥善处理善后事项。

（七）车辆故障处理

1. 活动前要求承办方检查车辆车况，车况不良必须更换，否则不得发动车辆。

2. 中途车辆故障：

①带队跟车老师及时把故障情况告知校领导和承办方。

②因故障影响安全时，一定要做出停驶的决定，向承办方提出紧急调车或改车的要求。

③因故障影响行驶时，短时内无法修复的，处理同前。

3. 车辆换乘时，带队教师维持好学生秩序，严禁下车随意走动，尤其应防止交通事故发生。

4. 途中遇车辆失火应立即要求司机停车开门，同时指挥学生不要惊慌。如火势较小，前部学生从前门下，后部学生从后部应急门下；如火势较大，可视情况破窗逃生。下车后及时组织学生疏散到安全地带，一名教师清点人数，一名教师负责及时向领导报告情况。如有学生受伤应立即组织抢救。

（八）交通事故处理

1. 有重伤情况拨打120，并立即组织抢救。

2. 迅速报告校领导，调动应急车赶到事发现场。

3. 保护好现场，指挥师生撤离至安全地点。

4. 向上级领导报告事故情况。

5. 安定学生情绪，询问、检查学生受伤情况，受轻伤学生送往医院检查、诊治。

6. 立刻成立事故处理小组，分别负责家长、公安、医疗、保险等各方接洽，妥善处理善后事宜。写出书面报告，总结经验教训。

（九）登山及拓展活动安全预案

1. 登山及拓展活动开始前，一定要进行安全教育。注意力要集中，走陡峭处应当谨慎而行，避免脚步踩空而出现危险。在山上照相时，不要边后退边拍，不要采食路边和山上的野果。

2. 教师在旁边保护学生安全。

3. 听从工作人员的安排与指挥。参加每一项活动都要严格按规定采取保护措施，例如系好安全带、锁好防护栏等。不要开玩笑或冒险做出一些危险的动作。

4. 对于患病或身体不适的学生，不要勉强其参加活动。

5. 遇有学生发生摔伤、骨折、扭伤等伤害事故，立刻将其送往医务室救治，情况严重者由校医务室教师送医院治疗。

（十）防火安全预案

此次活动要加强防火安全教育，提高全体师生的防火安全意识，并通过会议、提醒等多种方式来提高防火安全意识，形成人人知防火，人人重安全的局面。

1. 组织学生开展防火安全知识教育。

2. 严禁将火柴、打火机等火种带在身上。

3. 野炊时间，每个火堆旁要放有灭火的水盆和其他灭火器材，每组学生中至少要有一名同学专门负责防火安全。

4. 一旦发生火灾，要立刻采取措施补救。

5. 重大火情发生时，迅速判断危险地和安全地，尽快把学生撤离危险地带，同时向119报警。

（十一）食品卫生安全预案

1. 学生要确保所带食品新鲜，未过期变质。

2. 学生在饮食前要清洗双手和用餐工具。

3. 不要带一些不熟的或者带有毒性的食物。

4. 一旦发生中毒，要在校医的指导下，对食物中毒者进行急救处理，然后送往医院，进一步治疗。

匪警：110　急救中心：120　交通事故：122

学校准备

公布：告之学生即将参与的活动性质和方式。

分组：根据活动组织方提供的《告班主任书》，将学生按要求进行分组和提醒其注意事项。

安全：在活动开展前期对学生进行安全教育。

（六）学生研学旅行公约

听从指挥：参观、行动要听从老师指挥，共同维持良好的秩序。

遵守时间：在任何时候，学生必须有强烈的时间观念，起床、用餐、集合都应按照宣布的时间严格进行。

不离队伍：学生不得私自离开团队，自由活动必须在规定的范围内进行。在任何情况下，若发现自己不小心与大家走失，请在原地等候。同时，你可以拨打电话找到你的负责老师。记住，千万不要离开原地自己去找团队。

集合迅速：集合哨响后，全体学生必须立即放下正在做的任何事情，正在照相的同学也必须归队集合。

妥善理财：活动期间要注意个人物品的管理，自己的行李自己拿，注意不要遗失东西，贵重钱物请随身携带。买东西要询价、砍价。

注意卫生：不要在小商贩处购买零食或冷饮，在旅游景点不要随意触碰商品，以防吃坏肚子或损坏商品，给自己造成健康损害或经济损失。

文明礼貌：讲文明，讲礼貌，讲道德，注意维护集体形象。

爱护公物：特别注意不要损害住宿房间、旅游车及餐厅的任何物品，因为在离开住宿地等地方时会有专人检查设施，若损坏和遗失，要照价赔偿，请大家相互提醒，共同爱护公共设施。

生人勿交：不要随意与陌生人交往，更不准与陌生人离开队伍，所有学生要互相监督，一旦发生问题，要及时报告领队老师和负责人。

远离危险：禁止携带刀具、打火机及有伤害能力的玩具等危险品，洗浴使用开水时要注意安全。悬崖、水边别靠近，拍照看景时要留心脚下。

团结友爱：在活动中，学生之间要团结友爱、互相照顾、互相谦让。若与其他同学发生矛盾，要及时请老师协调解决。

积累知识：活动中要多提问题，积极参与各项活动，活动结束后要写活动札记交负责老师参评。

必备物品：换洗衣物、水壶、背包、小手电筒、毛巾、牙刷等。

安全第一：1. 安全意识百分百；2. 安全主体责任划分明确；3. 安全保障措施到位（行政保障、制度保障、组织保障、专业保障、应急保障）。

（七）安徽省歙县研学基地名录

获批准研学基地名单

序号	单位名称	联系人	所属类别	获批时间及等级
1	黄山市歙县牌坊群鲍家花园开发有限公司	沈　勇	优秀传统文化类	2019年，市级，黄教基〔2019〕29号
2	歙县老胡开文墨业有限公司	吴　红	优秀传统文化类	2019年，市级，黄教基〔2019〕29号
3	黄山市蓝天方圆实业有限公司	凌　鹏	优秀传统文化类；革命传统教育类；自然生态类；综合实践类	2019年，市级，黄教基〔2019〕29号
4	歙县旅游发展有限公司（徽州古城景区）	汪建军 柯　辉	优秀传统文化类；革命传统教育类；国情教育类；综合实践类	2019年，县级，歙教基〔2019〕84号
5	黄山市歙县水口文化研学旅行（云起度假村蝴蝶谷）	吴庄红	自然生态类；综合实践类	2019年，县级，歙教基〔2019〕84号
6	黄山四月乡村农艺场有限公司	朱社明 鲍小雪	自然生态类；综合实践类	2019年，县级，歙教基〔2019〕84号
7	黄山市古城歙砚有限公司	胡　彬	优秀传统文化类；综合实践类	2019年，县级，歙教基〔2019〕84号
8	黄山市新安江百里大画廊旅游开发有限公司	谢华章	优秀传统文化类；自然生态类；综合实践类	2019年，县级，歙教基〔2019〕84号
9	黄山市山中天谷文化旅游有限公司	姚　瑾	优秀传统文化类；自然生态类；综合实践类	2019年，县级，歙教基〔2019〕84号
10	黄山市埃弗特网球培训有限公司	孔令磊 江海滨	综合实践类	2019年，县级，歙教基〔2019〕84号
11	歙县祥平生态农庄有限公司	江淑萍	自然生态类；综合实践类	2019年，县级，歙教基〔2019〕84号
12	安徽岐黄文化艺术有限公司（歙县街口前山中医药研学基地）	何智铭	自然生态类；综合实践类	2019年，县级，歙教基〔2019〕84号
13	黄山市永胜文化艺术发展有限公司（琳村研学基地——活字印刷）	方永年 方小英	优秀传统文化类；综合实践类	2019年，县级，歙教基〔2019〕84号

后　记

人生远足系列丛书的第一本书《励志黄山　博学徽州——研学旅行课程化指南》几经修改，终于脱稿。

很久以前我就萌发了撰写这本书的念头，却一直不敢动笔。作为指南，它是否能给读者以借鉴？我犹豫不决。中国教育学会原会长顾明远先生对研学旅行十分关注，他首先认可了我们的实践成果。2014年，他在祝贺黄山市实践教育科学研究院成立的题词中指出："课程化研学旅行是一种值得尝试的实践教育模式。"尝试教育理论创立者、荣获首届国家级基础教育成果奖一等奖的邱学华教授几次催促我撰写指南。老一辈专家的鼓励让我信心倍增，这是值得我由衷感激的。

人生远足课程化研学旅行实践教育模式的产生，是我对未来教育的一种理解。我认为在第四次工业革命的社会大背景下，现有的办学教育模式需要彻底改革！"教育要开放，学科要贯通，知识要综合，资源要共享"是教育变革的方向，作为"直接经验"获取的实践教育和当前的学校教育是教育的两只翅膀，不可或缺，而研学旅行是实践教育的重要途径之一。

基于以上认识，研学旅行教育要抓住两个要点。其一，要做到"两个课堂的贯通"，要把课堂上的学科知识与研学旅行过程充分融合，让学生做到"书中学，做中用，用中学"。其二，在课程设计中，要突出"两类活动"，一是文化体验活动课程，让学生从小"认知认同文化"，树立一颗"中国心"，从而做到文化自信，这是研学旅行的基础课程；二是跨学科综合实践活动课程，让学生在实践过程中把学习到的经验和所掌握的知识跨学科综合运用，解决实际问题，从而培养学生的"自理""自立""自主"能力，为发展学生的创新精神打下基础。在编写过程中，为了把十几年的案例比较全面地呈现给大家，我们不拘一格，选择了不同的“参考课程方案”和“学生手册”。为了尽量保持原貌，我们没有完全按照统一的模式进行编写，的确有些随心所欲，但是我们力求做到“随心所欲不逾矩”。

经过十六年的实践，我们积累了几百万字的资料，《指南》是人生远足系列丛书的第一本书。《长城》《运河》《首善之都　学府之城》《周秦汉唐文化　现代科技文明》《儒学思想　国学文化》《我到安阳看殷墟　我到安阳看天河》《走江南水乡　品吴越文化》《书藏古今　港通天下》等地方指南将陆续出版。

在编著《指南》的过程中，中国教育科学研究院课程教学研究中心原资深研究员李嘉骏教授，北京教科院基础教育教学研究中心综合室主任、中国智慧工程研究会特聘教育专家陶礼光教授，中国旅游研究院副院长李仲广博士，产业研究所所长杨宏浩博士，数据分析所所长何琼峰博士，产业所研学旅行负责人张扬博士等文化旅游专家给予了有力的指导。

黄山市社会科学界联合会杨永生主席，在《指南》收集材料的过程中给予了大力支持，在此谨表谢意。